KB125925

비즈니스 스타트

비즈니스 스타트

초 판 1쇄 2023년 09월 21일

지은이 최영렬
펴낸이 류종렬

펴낸곳 미다스북스
본부장 임종익
편집장 이다경
책임진행 김가영, 신은서, 박유진, 윤가희, 정보미

등록 2001년 3월 21일 제2001-000040호
주소 서울시 마포구 양화로 133 서교타워 711호
전화 02) 322-7802~3
팩스 02) 6007-1845
블로그 http://blog.naver.com/midasbooks
전자주소 midasbooks@hanmail.net
페이스북 https://www.facebook.com/midasbooks425
인스타그램 https://www.instagram/midasbooks

ISBN 979-11-6910-330-5 03320

값 16,800원

미다스북스는 다음세대에게 필요한 지혜와 교양을 생각합니다.

비즈니스
BUSINESS

정책자금 조달부터 비즈니스 성공까지

START
스타트

최영렬 지음

미다스북스

서문

  '금융위기'라는 단어를 들으면 무엇이 가장 먼저 떠오르는가. 멀리 과거를 돌아보자면 1929년 대공황을 말할 수도 있고 근대에는 IMF를 떠올릴지도 모른다. 이 사건들은 역사적으로 극한의 경제 위기의 순간이라는 점에 공감하지 않을 수 없다. 하지만 누군가 나에게 인류 역사의 경제적 흐름에 결정적인 영향을 끼친 사건을 꼽으라면 단연 '서브프라임 모기지 사태(Subprime Mortgage Crisis)'라고 답해버리고 말 것이다. 이 사태는 현대의 경제 침체와 극단적인 양극화의 원인으로 지목되며 아직까지도 진행 중인 현실이다.

  이제는 공황의 대명사가 된 '서브프라임(Subprime)'은 은행이 분류하는 고객 등급 중에서 비우량 대출자를, 모기지(Mortgage)는 주택담보대출을 뜻하는 단어다. 정리하면 버블로 인해 가격이 급등한 부동산을 구매하기 위해 신용불량자에게까지 주택담보대출을 지원하다 벌어진 대참사다. 후에 증권 형태로 발행된 대출 채권의 문제로 벌어진 사건은 전 세계 경제를 처참한 나락으로 끌어내렸다.

최근 부동산 문제로 골머리를 앓고 있는 국내 상황을 비교해보면 유사함을 느끼는 것은 당연한 일이다. 일명 '영끌'이라는 이름으로 무리한 대출로 인한 이자에 시름하고 있는 영끌족의 모습을 보면 안타까운 마음이 든다. 이는 비단 개인의 문제만이 아니다. 급격히 오른 은행 이자에 가장 큰 영향을 받는 대상은 누가 뭐라고 해도 기업이다. 은행의 대출은 기업에게는 반드시 필요한 젖줄이기 때문이다. 단기 매출의 영향을 크게 받는 중소기업에게는 더욱 큰 부담과 어려움으로 작용한다.

　금리 인상으로 인한 기업의 부담에 중소기업계의 반응은 민감하다. 중소기업은 유동성 위기로 쓰러지고 은행도 동반 부실화되는 악순환을 유발하게 될 수 있다는 것이 요지다. 그래서 정부는 고금리·고물가·고환율(3高) 속에 어려움을 겪는 중소기업을 위해 맞춤형 자금 지원을 아끼지 않고 있다. 2008년 글로벌 금융위기 이후, 은행은 자체적으로 위험 관리를 강화했고 정부는 경제 침체를 완화하기 위해 유동적인 자금 공급을 확대해가는 정책을 펼쳐오고 있다.

　여기서 등장하는 개념이 바로 '자금 유동성(資金流動性)'이다. 대외 지급 준비금의 비율이 높아, 정부나 기업 따위의 경제가 원활한 정도를 유지하는 상태다. 한마디로 사업에 즉시 활용하거나 위기에 대비할 수 있도록 자금을 보유하는 것이라고 말할 수 있다. 이는 앞서 거론한 금융위기나 외부 환경으로 인해 벌어질 수 있는 경영악화 가능성을 현저히 낮출 수 있는 계기가 된다. 나아가 사업의 확장이나 지속적인 전개를 위한 기본 사항이기도 하다.

자금관리를 위한 다양한 방법이 존재한다. 현재의 사업 흐름을 분석하고 유입되는 현금의 수준이나 고정적으로 지출되는 비용 등을 고려하여 전반적인 비즈니스 매뉴얼을 구성해야 할 것이다. 하지만 이는 단순한 수준으로 평가해 획일적인 대안을 내세울 수 없는 중대한 일이다. 자금의 운영은 주체가 되는 기업의 현황을 고려한 체계적인 분석이 필요하기 때문이다. 그런데 여기서 또 다른 문제가 발생한다. 그렇다면 유동적인 자금으로 활용할 '돈'은 어떻게 확보할 수 있는가의 여부다. 물론 장기적인 관점에서 사업소득이 모든 문제를 해결해줄 수 있다면 걱정이 없겠지만, 현실은 녹록지 못하다. 한국금융연구원에 따르면 2020년 말 기준으로 은행 대출 중 기업대출 비중은 53.9%, 가계대출 비중은 44.8%에 달한다고 한다.

　이에 정부는 두 팔 걷고 중소기업 후원에 나섰다. 기획재정부는 지난해 발표한 정책금융 유동성 공급 및 관리방안에서 주요 정책 프로그램을 정리해 공개했다. 보고서에 따르면 신산업 육성 등을 위한 산업은행의 혁신성장 기업지원, 신 성장 품목을 중심으로 진행되는 기업은행의 기업 금리를 우대 지원, 수출형 혁신성장 기업에게 금리우대와 대출한도를 확대하는 수출입은행 등 금융기관의 정책금융을 비롯해 신성장동력산업에게 우대보증을 지원하는 신용보증재단과 혁신성장 공동기준에 부합하는 제품·서비스 생산 또는 보유 기업에 보증을 지원하는 기술보증재단 등의 기관 지원까지 다양하다.

　이러한 지원은 정책금융이 완전한 경제 정상화 및 선도형 경제 대전환을 뒷받침할 수 있도록 집행한다는 기조에서 비롯됐다. 대표적으로 시장과의 적극적인 소통을 위해 「혁신성장 BIG3 추진회의」, 「한국판 뉴딜 관계 장관회의」 등의 계기를 마련해 신 성장 분야 관련 자금의 활용을 적극 지원하고 있다.

　성공적인 비즈니스를 위해 기업은 늘 기회를 포착하기 위한 준비에 만전을 기해야 한다. 하지만 늘 자금과 예산의 측면에서 발목이 잡히곤 한다. 이에 나라에서 진흥하고 추진하는 정책적 현안과 지원에 대한 정보를 늘 숙지해야 하는 것이다. 그럼에도 수백 건에 육박하는 정부지원정책과 새롭게 지원되는 내용을 다 알기란 쉽지 않다. 이에 책을 통해 주요 지원되는 정책 자금에 대한 지원 배경과 내용을 풀어 소개하고 실제로 도움이 되는 국가 정책자금에 대해 소개하고자 한다.

목차

2부 정책자금 A to Z

3부 정책자금 톺아보기

BUSINESS START

1부

비즈니스 스타트

1장 | 비대면 사업, 시대가 돕고 정부가 돕는다

    영화 〈어벤저스〉를 보면 히어로들이 서로 화상 회의를 하는 장면이 등장한다. 서로 간 거리가 멀기 때문에 원격으로 대화를 나누는 것이다. 이러한 화상 회의는 공상과학 영화에서 심심치 않게 등장하는 장면으로, 불과 몇십 년 전만 해도 우리에게 머나먼 이야기 같았다. 그런데 이제는 이러한 기술이 우리의 일상 일부가 되었다. 코로나19라는 초유의 바이러스 창궐 사태는 그동안 당연하다고 여겨졌던 사회의 흐름을 완전히 뒤바꿔 놓았다. 감염을 막기 위해 마스크와 손 씻기는 기본, 사람들과의 접촉을 막기 위해 우리는 '비대면'이라는 새로운 사회 시스템을 경험하게 된 것이다.

    회사에 다니는 직장인들은 직접 출근하여 동료들을 대면하는 것이 아닌 재택근무를 하면서 화상 회의를 통한 업무를 진행하고, 학생들은 직접 학교나 학원에 가서 교강사와 대면하며 수업하는 것이 아닌 집에서 화상을 통한 수업을 진행하게 된, 비대면 기술의 일상화가 이루어진 것이다. 이렇게 얼굴을 직접 마주 보지 않는다는 의미의 '비대면'이라는 단어가 아이러니하게도 코로나 팬데믹 상황에서 사람과 사람을 연결해 주는 새로운 활로 역할을 해주게 되었다. 이에 따라 비대면이라는 새로운 시장이 두각을 나타내기 시작했다.

하나의 예시를 들자면 비대면 시장으로 빠르게 진입한 한 기업의 이야기를 해보겠다. 주식회사 글로랑은 원래 유학 컨설팅 스타트업 회사였다. 그런데 코로나19의 발생으로 해외여행이 제한되자 진행하던 사업에 큰 차질을 빚었다. 이에 회사의 대표는 즉각 사업의 방향을 바꿔 '꾸그'라는 이름의 비대면 온라인 학습 플랫폼을 선보였다. 이때, 글로랑의 대표는 중소벤처기업부의 창업지원 프로그램에 선정되어 초기 사업화 지원과 멘토링을 지원받았고, 코로나 특수성을 잘 이용해 국내 최대 규모 벤처 캐피탈 한국투자파트너스와 뮤렉스파트너스 등의 투자를 받아 160억 원을 투자받는 데 성공하였다. 그리고 2021년 매출액이 16억 원이었던 꾸그는 2022년 성장 매출률 100%를 이루어 냈다.

글로랑뿐만 아니라 코로나19 사태로 인해 사회의 전반적인 행동 자체가 비대면화되는 것도 비대면 시장의 발전에 크게 기여했다. 특히 사람 간 접촉의 제약을 많이 받게 되면서 식당을 찾는 이보다 비교적 접촉이 덜한 비대면 방식인 배달 음식에 의존하는 경향이 높아졌고 2022년 기준 통계청 발표상 배달 종사자가 45만 명을 넘어서면서 2013년 이후 최고치를 경신했다. 이는 코로나19 이전이었던 2019년 상반기 34만 명에서 10만 명 이상 늘어난 것임을 알 수 있다.

이러한 비대면 시장의 발전은 대기업에서도 나타났는데 SK하이닉스는 2020년 2분기 때 영업이익이 전년도 같은 기간보다 200% 이상 증가하였다. 코로나19 영향으로 모바일 및 서버 수요 호조세가 실적 성장을 이끌었던 것으로 SK하이닉스는 자체적으로 분석했다. 매출액 8조 6,065억 원, 영업이익 1조 9,467억 원으로 전년 동기 대비 33.4% 늘고 영업이익은 무려 205.3% 급증했다.

이렇게 급격한 비대면 시장의 성장에 따라 중소벤처기업부에서는 비대면 사업에 대한 지원을 확대하기 시작했다. 코로나19 사태 이후 많은 사람이 비대면의 일상에 적응되는 동시에 집에서 굳이 외부로 나가지 않고 원하는 것을 이용할 수 있다는 편리성이 더해진 것도 한몫했다. 사람들은 바이러스의 위협에서 안전하기 위해 바깥 출입보다는 실내 공간을 선호하기 시작했고, 경기 침체가 겹치면서 불안정한 취업보다는 창업을 선택하는 청년들도 늘어났다. 이에 따라 국가의 글로벌 디지털 경제를 선도할 혁신적인 기업 육성을 위한 비대면 스타트업 정부 지원 사업의 문이 활짝 열렸다.

중소벤처기업부는 비대면 스타트업 육성을 위해 산업통상자원부, 농림축산식품부, 국토교통부, 문화체육관광부, 과학기술정보통신부, 특허청 등과 함께 각 부처의 정책 방향과 맞게 창업기업을 선발, 사업화 자금과 부처 전문성을 반영한 특화 프로그램을 지원하여 창업기업 육성에 나서고 있다. 2023년 기준, 창업기업 270여 개사를 선발하여 약 411억 원을 지원하여 기업당 최대 1억 5,000만 원을 지원한다. 교육 프로그램, 도시 재난 관리, 에너지, 인공지능, 가상현실 등 비대면 사업 아이템 개발을 통해 부가가치를 창출할 수 있는 창업자를 선발하게 된다. 선발 시 지원 기간은 협약 후 9개월간이고, 해당 분야의 전문가의 멘토링, 성장 지원 프로그램이 제공된다.

가상현실 기술을 이용한 교육이나 의료 관련 아이템, 공교육 현장에서 활성도를 높일 수 있는 몰입형 체육 교육 아이템, 메타버스(AR, VR, XR 등)와 물류, 스포츠, 융합 미디어와 서비스가 제공되는 아이템을 우대 사항으로 평가한다고 하며, 서류 평가에서 최종 선정 규모의 2배수를 뽑는다. 이어 제품 서비스 개발 동기, 개발 방안, 시장 진입과 성과 창출 전략, 창업 기업의 대표자와 팀원들의 역량을 발표평가로 종합적으로 평가하여, 최종 선발한다.

신청 기간을 놓쳤더라도 너무 걱정하진 말자. 기회는 또다시 올 것이고, 또 다른 기회도 있으니까.

중소벤처기업부 산하 중소벤처기업진흥공단에서는 정책자금융자 지원을 해주고 있는데, 이는 창업을 통한 시장 진입, 성장 단계에 있는 스타트업들의 안정적인 발전을 위해 저금리로 자금을 지원해 주는 제도다. 융자 한도는 60억 원으로 이자는 0.2% 내외다. 그런데 여기서 중점 지원 분야가 바로 비대면 사업이다. 메타버스 기술이나 인공지능, 그리고 온라인 교육 플랫폼이 해당하는 것이다. 따라서 중소벤처기업부의 지원 자금이 부족하다고 여기거나 혹은 내년까지 기다리기엔 자신이 없다고 생각하는 창업자에게는 저금리로 융자받을 기회도 있으니 참고해 보길 바

란다.

　이제 이 비대면 사회는 선택이 아닌 필수가 되었고, 일상이 되었다. 코로나19의 기세가 수그러들었다고 하나 한번 비대면의 편리함을 맛본 소비자들에게 비대면 경제는 이제 지속해 이어질 것으로 보인다. 이미 미국에서는 대학교들이 온라인 학위 프로그램의 문을 열고 있다. 바이러스로 인한 팬데믹 사태에서 더 많은 학생을 입학시키기 위한 방법이자 자국 외 전 세계 학생들이 언제든지 수업을 들을 수 있도록 하여 더 많은 학생을 받기 위한, 위기를 기회로 만들어 수익화를 높인 전략이다.

　해외에서는 '줌'이 화상 회의 분야 최고의 호황을 누려 매출이 2021년 기준 2억 3,450만 달러(한화 약 3,095억 원)를 기록했다. 국내에서는 앞서 말한 대로 정부가 비대면 솔루션 수요를 직접 창출하며 성장세를 만들고 있다. 특히 비대면 사업 지원 정책은 중소기업과 스타트업에 초점이 맞춰져 있기 때문에 시장을 선점하여 고객의 니즈를 파악한다면 좋은 아이템을 발굴할 수 있지 않을까 싶다.

　따라서 창업을 진행하고자 하는 청년 스타트업 대표에게도 이 기회가 적절하겠지만, 학생들이나 성인들을 위한 교육 아이템에 관심이 있는 사람, 메타버스 엔지니어에서 사업가로 변신을 꿈꾸는 사람들에게 기회의 장이 될 것이며, 새롭게 발전하는 비대면 시장의 초석을 다져 해당 분야의 선두 주자들과 함께 비대면 열차에 탑승하게 되리라 사료된다.

2장 | 취업 대신
소상공인으로 사장님으로 창업하기

2020년을 강타한 코로나19 사태로 사회적 거리 두기 조치 등으로 인한 외부 활동의 제약으로 인해 많은 상인들이 울상을 지었다. 오프라인 매장들은 줄줄이 폐업하거나 휴업하는 경우가 많았고, 이에 따라 소상공인 지원금을 정부에서 제공하는 등 갖가지 소상공인을 살리기 위한 정책들이 우후죽순으로 생겨났다. 지금에 와서 코로나19의 위력이 예전만 못하지만, 여전히 경기는 불황을 겪고 있고, 경제성장률은 전년 대비 2.4%로 미미한 수준이다. 하지만 어려운 가운데서도 언제나 희망의 불씨는 있는 법이다.

최근 다양한 매체들을 통해 종종 들리는 소식 중 하나는 소상공인으로 성공한 청년 창업가들에 관한 이야기들이다. 취업 문이 좁아진 지 오래된 지금, 취업 대신 장사를 선택한 청년들이 소위 '대박'이 나는 경우들도 많아지고 있다. 젊은 사람들이 젊은 감각으로 젊은이를 타깃으로 성공하는 장사들이 많이 나타난 것이다. 특히 '감성'으로 무장한 카페와 같은 공간들이 대표적이다.

젊은이들 사이에서 유행하는 SNS와 인증사진이 입소문을 타면서 많은 고객이 몰리고, 그로 인해 많은 매출을 얻어내는 것이 그중 하나다. 사정이 이렇다 보니 일부 젊은 층에서는 다니던 직장을 그만두고 장사로 뛰어드는 경우도 생기고 있다. 정해진 시간에 출근하고 상사의 눈치를 봐야 하고, 업무의 성과를 내야 하는 압박은 있지만 정작 월급은 똑같은 구조에서 탈피해 자신이 한 만큼 벌어가는 장사로 눈길을 돌리는 청년들이 많아진 것이다. 이러한 변화에 따라 소상공인이 되어 장사를 해보고 싶은데 밑천이 없어서 고민인 사람들에게 추천해 줄 만한 이야기가 있다.

바로 국가에서 소상공인 창업자를 위한 지원 제도다. 소상공인시장진흥공단의 홈페이지를 가면 소상공인을 위한 지원이 무엇이 있는지 정리가 되어 있는데, 대략 나열해 보면 다음과 같다. 성장 기반 자금, 일반경영안정자금, 특별경영안정자금 등 크게 세 가지로 볼 수 있다. 이러한 소상공인 지원 자금들을 보면 업력이 적어도, 많아도 지원 자격이 될 수 있을 정도로 그 문턱이 낮다. 이러한 배경에는 정부의 소상공인 성장을 위한 국가적 지원 체계가 한몫하고 있다.

2023년 3월, 중소벤처기업부는 기업가형 소상공인 10만 명 육성 프로젝트를 발표했다. 정부가 소상공인을 기업가로 성장시키는 단계별 지원 체계를 구축하겠다는 것이다. 이는 2025년까지 매년 10만 명씩 양성하겠다는 대규모 프로젝트로 정책융자, 신용보증 등을 통한 금융 애로 사항을 해소하고 소상공인을 혁신 기업가로 성장하도록 자생적 시장 생태계를 조성하겠다는 구상이다. 대통령 주재로 제12회 국무회의에서 이런 내용이 발표되었고, 소상공인의 단계적 성장을 위해 창업, 성장, 도약 단계 지원체계를 구축, 전국 17개 신사업창업사관학교에서 창업을 준비하는 이들에게 현장형 교육 훈련을 지원한다고 밝혔다. 그리고 지역 상권과 전통시장 발전을 위해 IT 대기업과 상생 협약을 체결하고 디지털 전담 인력과 배송 시설을 지원하여 디지털 인프라 보급, 온누리 상품권을 매년 4조 원 발행하여 전통시장 매출 활성화 진행을 할 것이라 말했다. 그야말로 기존 소상공인뿐 아니라 창업을 준비하는 소상공인 준비생에게도 기회의 장을 열어주었다 할 수 있다.

앞서 말한 것처럼 이제 소상공인으로 창업하는 연령이 낮아지면서 전자상거래를 중심으로 하는 소상공인, '이커머스(Electronic Commerce) 소상공인'들도 많아지고 있다. 코로나19 이후 인터넷으로 물건을 사는 풍조가 더 커지면서 기존 소상공인들 역시 이커머스 소상공인화 되는 경우도 많아지는 추세다. 중소기업벤처부는 이커머스 소상공인 역시 기업가형 소상공인처럼 10만 명씩 2025년까지 매년 양성할 계획인데 전통시장 점포의 디지털 인프라를 확충하고 개선하여 스마트 상점, 공방, 시장 등을 개발해 온라인 매출을 일으켜 소상공인들의 디지털 전환 확산에 나섰다. 이에 따라 정책 융자, 신용보증 등으로 금융 애로 사항을 해결하기 위해 회복, 폐업, 재기를 통한 성장을 할 수 있도록 사회안전망 구축을 하고, 정책 융자 3조 원, 신용보증 25조 원, 저금리 대환 프로그램 9조 5천억 원을 공급한다.

사실 소상공인으로 창업한다거나 기존에 사업을 진행하고 있다 보면 늘 불안한 요소로 작용하는 것이 유지할 수 있느냐, 적자 없는 지속성, 혹은 폐업하거나 다시 재기하려고 할 때 어떻게 할 것인지에 관한 고민을 크게 하는 경우가 많다. 이러한 불안 요소들을 제거하기 위해 사회안전망 구축 지원도 확대된다. 특히 사업을 위해 대출을 했으나 대출 상환에 어려움을 겪는 소상공인에게 새출발기금을 통한 채무 조정 프로그램 신청이 가능해지도록 했다. 새출발기금은 원래 코로나19로 타격을 입은 자영업자들을 지원하기 위해 2022년에 금융위원회에서 출범한 프로그램인데 이것을 개인사업자, 소상공인, 폐업자에게까지 확대하게 되었다. 채무 한도는 담보 채권 10억 원, 무담보 채권 5억 원으로 한도 내 채무라면 신청이 가능하다.

또, 폐업하더라도 신속히 재기할 수 있도록 재창업 및 취업 성공 환경을 조성한다. 소기업 · 소상공인 공제제도인 '노란 우산'에 소상공인 폐업 안전망을 구축하여 컨설팅, 법률 자문, 점포 철거, 채무 조정 등의 폐업 절차를 패키지로 지원하는 원스톱 폐업 지원 서비스를 제공한다. 그리고 '희망리턴패키지'를 통해 재창업과 재취업에 필요한 교육과 자금을 지원해 주고, '재기 지원 패스트트랙'을 구축하여 재기 의지가 있는 성실한 채무조정자들이 다시 창업할 수 있도록 지원을 강화한다.

최근 에너지 비용이 상승으로 이슈화된 적이 있는데 소상공인에게는 이러한 에너지 사용 비용 경감을 위한 혜택이 있다. 그동안 전기와 가스 요금 분할 납부는 기초생활수급자와 차상위계층 등에게만 적용이 되었는데 이를 소상공인에게 확대 적용하기로 한 것이다. 또한 정부 자체에서 에너지 고효율 설비를 소상공인의 작업장에 보급하고, 비용 절감 효과가 큰 기술을 발굴 및 검증하여 소상공인 상가에 보급할 예정으로 계획하고 있다.

이처럼 정부에서 점점 어려워져 가는 취업 자리와 코로나19로 인한 경제 타격을 만회하기 위해 소상공인들에게 창업, 유지, 폐업, 재기까지의 전 과정을 지원하는 바, 혁신적인 아이디어를 가지고 창업에 도전할 의지가 있다면 이러한 정부 제도의 이점을 활용하여 성공적인 기업가가 되는 것은 어떨까?

3장

기술력은 있는데 자금은 없는 벤처기업 예비창업자들을 위한 이야기

기술에 관심이 많고, 기술을 가지고 자신만의 상품 아이디어가 있는 사람이 창업하려고 한다. 그런데 기술을 가지고 사업을 하는 것은 단순히 어디 가서 물건 떼오고 가게 차려서 호객하여 돈을 버는 것이 아니다.

자신이 가진 기술력을 사업화하기 위해서는 자금 조달이 필수다. 아무리 좋은 아이디어가 있어도 그것을 상용화해 낼 수 없다면 그저 휴지 조각이 되기 일쑤다. 그래서 그런 기술을 바탕으로 한 상품 아이디어를 통해 창업한 기업을 우리는 벤처기업이라고 부른다. 즉 새로운 비즈니스 아이디어나 기술을 가지고 창업하고 성장하는 기업을 우리는 벤처기업이라고 한다.

벤처기업은 전문적인 기술을 가지고 사업을 진행하는 기업인 만큼 창업에는 보통의 창업과는 약간 달리 조금 더 전문적으로 접근할 필요성이 있다. 우선 기본적으로 새로운 아이디어가 필요하다. 아이디어를 발굴하기 위해서는 관심 분야에서 최신 동향을 파악하고, 문제점을 해결할 수 있는 아이디어를 생각해 보는 것이 좋다.

또한, 창업을 위한 비즈니스 모델도 함께 고민할 필요가 있다. 아이디어가 좋아도 시장에 수요가 없다면 말짱 헛일이 되니 수요 조사를 통해 수요와 공급, 경쟁 업체들의 상황을 파악하고, 창업에 대한 시장 가능성을 검증하는 것이 필요하다. 그리고 창업 아이디어를 구체화하고, 비즈니스 모델, 수익 모델, 경쟁전략 등을 구상해야 한다. 무엇보다 벤처기업은 자신이 가진 기술을 전문적으로 활용하는 사업이기 때문에 다른 창업과는 달리 창업을 위한 자금이 더욱 절대적으로 필요할 가능성이 높다. 대출, 투자, 정부지원금, 크라우드펀딩 등이 있으며, 각 방법에 대한 장단점을 고려하여 자금 조달 방법을 선택해야 할 필요가 있다. 이에 관해서는 뒤에서 더 다루도록 하겠다.

사업자를 등록하더라도 제품에 대한 특허 출원과 같은 법적 측면을 고려할 필요가 있고, 필요하다면 인력을 확보해야 하기도 한다. 사실 벤처기업은 초기에 자금 부족으로 인력 조달이 어려운 경우가 종종 있다. 인력은 벤처기업 창업의 성패에 영향을 줄 수도 있는 만큼 신중하게 생각할 필요가 있다. 그렇게 제품을 만들더라도 마케팅 전략을 갖고 있지 않으면 사업을 유지하기 어렵다. 따라서 어떻게 고객을 모을 것인지, 단기적인 목표뿐 아니라 장기적인 목표도 고려하여 지속 가능한 사업 진행을 위해서 사회적, 환경적, 경제적 요소를 고려해야 한다.

이처럼 벤처기업 창업에는 다양한 단계와 과정이 필요하다. 따라서,

창업하기 전에 충분한 계획과 준비가 필요하다고 할 수 있다. 이것만 들으면 벤처기업 창업에 관심이 있다가도 너무 복잡해서 포기하고 싶다고 여기는 사람도 생길 것이다. 특히 벤처기업은 보통 초기에 대부분 자금이 부족하기 때문에, 자금 조달이 필요하며, 이를 위해 외부 투자자들로부터 자금을 조달하게 되는 경우가 흔하다.

또한, 새로운 아이디어나 기술을 통해 새로운 시장을 개척하거나 기존 시장에서 기존 기업들과 경쟁하며 창업하는 경우가 많다. 이러한 기업들은 일반적으로 기존 기업들의 소위 물량 공세에 결국 자신의 좋은 사업 아이디어를 포기하거나 팔아버리는 아까운 경우가 종종 있다. 그래서 벤처기업은 시장에서 고객들에게 인정받고, 기존 기업들과의 경쟁에서 이기기 위한 지속적인 자금이 필요한 경우가 대부분이다.

하지만 신생 창업자들에게 이런 자금 조달은 당연히 쉽지 않은 과제다. 본인이 가진 돈이 많거나 혹은 자신의 사업에 모든 것을 투자하는 투자자를 만나지 않는 이상 이 부분은 해결하기가 어려운 부분이라 볼 수 있다. 그렇다 보니 좋은 사업 아이디어들이 빛을 보지 못하고 누군가의 가슴속에 묻혀 있거나, 소리 소문 없이 기업이 망해버리는 사례들이 다수 있다. 그래서 이러한 어려움을 극복하기 위한 방법에 관한 이야기를 지금부터 해볼 생각이다.

대한민국에는 기술보증기금이라는 준정부기관이 있다. 중소벤처기업부 산하 공공기관으로 1989년에 설립되었는데, 기술 보증제도를 정착 발전시킴으로써 신기술 사업에 대한 자금공급을 원활히 하고, 나아가 국민 경제의 발전에 이바지하자는 목적으로 만들어졌다.

이곳에서는 기술력이 있는 기업의 창업과 사업 운영을 기술 보증 및 기술 평가를 중점 지원하여 담보 능력이 미약한 기업에 기술 보증서를 발급해서 금융기관으로부터 자금을 지원받을 수 있도록 도와주는 일을 하고 있다.

기술보증기금에서는 우수한 기술력을 갖고 있지만 담보의 부족, 자금 조달의 문제 등으로 어려움을 겪고 있는 기업들을 위한 기술 보증을 도와주며, 기술 가치를 평가하여 미래 성장의 가능성을 평가하여 그 성장을 지원하는 역할을 한다. 이와 같은 사항들을 바탕으로 신용보증을 해주는데 개인사업자, 혹은 법인사업자가 은행에서 사업자금 대출을 받을 때 보증서를 발급해 주어 원활한 대출이 이루어지도록 지원을 해준다.

준정부기관이기 때문에 지원받는 부분의 안전성이 크고 시중은행 대비 저렴한 금리를 얻을 수 있다는 장점이 큰데 최저 0.8%, 최고 2%까지 적용된다. 기술보증기금의 보증상품 중 예비 벤처 기술 창업자에게 유용한 것은 '예비창업자 사전 보증'이라는 상품이다. 이 상품은 크게 일반 창업과 전문가 창업으로 나뉘는데 본인이 기술력을 가지고 그에 관한 창업 아이디어가 있으면, 일반 창업을 택하면 된다.

일반 창업은 최근 2년 이내 특허권을 등록하거나 출원했을 경우, 특허권과 실용신안권, 전용실시권을 사업화 예정인 사람, 기금에서 정한 혁신성장산업을 사업화하려 하거나 지식문화, 이공계 챌린저, 기술 경력, 뿌리 창업, 첨단 성장 창업 예정인, 정부나 지방자치단체, 공공기관 등에서 주관하는 창업대회나 이와 관련한 교육을 수료한 사람이 그 대상이 될 수 있다.

전문가 창업은 교수, 연구원, 기술사, 기능장과 같이 전공이나 해당 분야에서 특급기술자로 판단되는 사람이 그 대상이 된다. 예비 창업자 사전 보증 상품을 지원하게 되면 기술 평가, 멘토링, 창업, 보증심사, 보증 취급의 단계를 거치게 되는데, 기술 평가는 지원자가 기술성과 시장성, 그리고 사업성을 어느 정도 가졌는지 등급을 매기게 된다.

이에 따라 보증할 수 있는 금액을 통보해 준다. 그리고 멘토링 서비스를 통해 창업에 필요한 정보를 제공해 주고, 사업자등록을 통해 창업, 혹은 사업을 개시한다. 이어 사업장 현장 조사 및 업종에 대한 사업 계획을 확인하는 보증심사를 한 후, 보증서를 발급하여 대출을 취급하도록 해준다. 겉보기엔 이 단계도 복잡하고 어려워 보일 수 있는데, 기술보증기금 홈페이지에는 이 단계를 따라갈 수 있도록 서식 자료들을 제공하고 있으며, 기술보증기금 사이버 영업점에 접속하면 이전 창업자들의 기술평가 자료들을 살펴보고 참조를 얻을 수 있도록 지원하고 있다.

이렇게 평가를 받게 되면 해당 창업자의 기술과 사업 지속성이 어느 정도 될 것인가 등급이 잡히는데, 등급에 따라 보증지원 한도가 책정된다. 일반 창업 항목의 경우 최저 1억 원에서 최고 5억 원까지 책정되며,

전문가 창업 항목은 최저의 경우 일반 창업처럼 1억 원이지만 최고 10억 원까지 책정된다. 이처럼 기술보증기금을 통해 자신이 벤처 기술 창업을 꿈꾸는데 자금 융통에 어려움을 겪고 있다면 이러한 제도를 활용하는 것도 팁이 되지 않을까 싶다.

만약 본인의 나이가 만 39세 이하라면 '청년창업기업 우대 프로그램'을 이용해 보는 것도 방법이다. 창업 연령이 젊어지는 가운데 이른 나이에 사업에 뛰어들 마음을 지닌 청년 사업가라면 이 상품을 이용하는 것도 방법이다. 이 '청년창업기업 우대 프로그램'은 창업 및 운영을 위한 운전 자금, 사업장 임차 자금과 시설 자금에 관한 지원을 해주는 상품으로 최대 3억 원까지 지원을 해준다. 이미 본인이 사업자등록을 했다고 하더라도 창업 후 5년 이내 사업자라면 지원이 가능하다.

최근 들어 경제성장률이 저조하다는 이슈가 언론 보도로 이어진다. 이럴 때 본인의 기술력을 발전시켜 창업하여 국가의 경제를 성장시키고 자기 능력으로 사업가가 될 수 있는 제도적 지원을 잘 이용한다면 향후 미래 경제는 더욱더 크게 성장하지 않을까 싶다.

4장 | 내가 하는 일로도 기술 창업이 될까?

앞서서 기술력은 있지만 창업 자금이 부족한 이들이 어떻게 해야 기업을 창업할 수 있는지에 관한 이야기를 했다. 새로운 기술력을 바탕으로 한 비즈니스 기업을 우리가 벤처기업이라고 부른다고 했었다.

이러한 벤처기업의 성장을 위하여 기술보증기금에서 다양한 보증 상품으로 자금을 원활하게 공급할 수 있도록 돕고 있음을 언급했다. 그런데 기술 창업이란 것을 정확하게 뭐라고 정의해야 할까? 사실 기술이란 말의 개념을 적용한다면 끝이 없을 것이다. 우리가 지금 컴퓨터나 스마트폰을 켜고 인터넷으로 정보를 찾는 것도 하나의 기술이라 할 수 있고, 운전하는 것이나 기계를 다루는 것도 기술일 것이다.

그런데 흔히 벤처기업 창업이라고 하면 기술 창업이긴 한데 특허를 내야 한다거나 범접할 수 없는 어떤 기술이 있어야 하는 것으로 생각하곤 한다. 물론, 이건 맞는 말이다. 하지만 그 기준이 광범위한 느낌을 주어 명확하게 어떤 것인지 콕 집어 이해하기 어렵다고 느낄 수 있다. 그래서 자신이 기술 관련 직종에서 일을 하고 있긴 힌데 내가 하는 일이 과연 기술 창업의 대상이 될 수 있는지에 관한 이야기를 해볼까 한다.

이번에도 역시 기술 창업을 지원해 주는 역할을 해주는 기술보증기금을 중심으로 말해보겠다.

기술보증기금은 국가 경제발전에 이바지하고 경쟁력 강화를 위하여 기업 보증지원 상품을 제공하고 있다. 따라서 여기서 진행되는 보증지원 상품을 잘 활용하면 사업 자금을 유용하게 대출받을 수 있는데, 어떤 기업이 그 신청 자격이 되는 것일까? 기술보증기금에서 공식적으로 신청 자격이 되는 기업의 기준을 밝힌 바로는 다음과 같다.

신기술 사업을 영위하는 중소기업, 중소기업 이외의 기업 중 신기술 사업을 영위하면서 총자산액이 5천억 원 미만인 기업, 산업기술 연구조합이 그 대상이다. 단, 위 대상 중 은행업 감독규정에 의한 주채무계열 소속 기업 및 「독점규제 및 공정거래에 관한 법률」에 따른 상호출자제한 기업집단 소속 기업은 보증 대상에서 제외된다.

그러나 기업 구매자금 대출, 기업구매전용카드 대출 및 무역금융에 대한 보증에 대해서는 상위 30대 계열기업군 소속 기업만 제외된다고 한다. 그러니까 일단 여기서 포인트를 보자면 '신기술 사업'을 영위하는 기업이 그 대상이라고 볼 수 있다.

그렇다면 신기술 사업의 기준은 무엇일까? 기술보증기금에서 정의하는 신기술 사업은 다음과 같다. 첫째, 제품개발 및 공정개발을 위한 연구 사업, 둘째, 연구개발의 성과를 기업화하여 제품화하는 사업, 셋째, 기술 도입 및 도입 기술의 소화 개량사업, 넷째, 여타 법령에서 규정된 기술개발 사업으로 생산성 향상, 품질향상, 제조원가 절감, 에너지 절약 등 현저한 경제적 성과를 올릴 수 있는 기술을 개발 또는 응용하여 기업화, 제품화하는 사업으로 업종별 제한은 없으나, 제조, IT, 연구 및 개발, 기술서비스업종 등이 주로 해당하며, 여타업종 영위 기업도 상기 신기술 사업을 영위하는 경우 보증 대상이 가능하다.

따라서 본인이 기술력을 가지고 있으면서 향후 차세대 핵심 기업으로 미래 성장 가능성이 높은 경우, 신기술과 기술혁신으로 경쟁력을 확보해 기술혁신을 선도하고 파급할 수 있는 성장 가능성이 높다면 손쉽게 보증 지원을 받을 수 있게 된다.

이는 기술보증기금에서도 우대하는 기업이기 때문이다. 이러한 신기술 사업에 대한 지원이 강화될 수밖에 없는 것은 결국 미래 먹거리 문제 때문이라고 할 수 있다. 기술은 점점 발전하고 있고, 그에 따라 사회의 변화는 더 빨라지고 있다.

따라서 인류가 미래 사회를 살아가기 위해서는 이러한 흐름에 빠르게 대처하여 인간에게 가장 기본적인 것이 충족되어야 한다. 인간에게 가장 필요한 것이 무엇인가? 의식주, 그리고 경제다. 의식주 중에서도 식(食)은 인간이 영위하지 못하면 목숨과 직결되기 때문에 가장 중요하다.

지금의 경제 발전도 결국 먹는 문제에서 비롯되었다고 해도 과언이 아니다. 인류의 역사를 봐도 인간은 풍족한 먹거리를 얻기 위해 영토를 넓히고, 전쟁하고, 무역을 하고, 시장 경제 체제를 이룩했다. 이러한 먹거리가 결국 경제를 발전시키고 새로운 가치를 창출하도록 하고 그것을 이루기 위해서 신기술 발전의 원동력이 되었다고 본다.

실제 예시로 농촌진흥청은 신기술 보급 사업으로 농업의 생산성과 비용 문제 두 마리 토끼를 다 잡았다고 발표한 바 있다. 기후변화 대응 꿀벌 안정 사양관리 기술, 천적을 이용한 해충 방제 기술 등을 2022년 480억 원가량을 투자해 128개 사업을 추진하여 생산성은 31.7% 향상, 비용은 25.8% 절감을 시켰다. 이 성과를 바탕으로 2023년에는 예산을 증액하여 555억 원을 투자한다고 밝혔다. 이처럼 신기술 사업이란 것이 이름은 거창해 보여도 막상 실체를 보면 우리 주변에서 쉽게 볼 수 있는 사업 중 하나라고 봐도 무방하다.

그래도 아직 모호하다고 생각되는 독자들을 위해 기술보증기금에서 중점적으로 지원을 하는 기업의 업종 중 중점적인 분야 2가지를 나열해 보겠다.

먼저, 10대 차세대 성장동력 산업이다. 이 10대 차세대 성장동력 산업은 말 그대로 10가지의 차세대 성장동력이 될 것으로 판단되는 산업인데, 다음과 같다.

1. 디지털 TV/방송
2. 디스플레이
3. 지능형 로봇
4. 미래형 자동차
5. 차세대 반도체
6. 차세대 이동통신
7. 지능형 홈 네트워크
8. 디지털 콘텐츠/SW솔루션
9. 차세대 전지
10. 바이오 신약/장기

디지털 TV와 방송은 방송시스템, 디지털 TV, DMB(Digital Multimedia Broadcasting), 셋톱박스, 복합기기와 같은 품목을 말하며, 디스플레이는 LCD, LED, PDP, 유기 EL, 3D, 전자종이와 같은 소재를 다루는 것을 말한다. 지능형 로봇은 가정용 서비스 로봇, IT 기반 서비스 로봇, 극한 작업용 로봇, 의료 지원용 로봇과 같은 품목을 일컬으며, 미래형 자동차는 지능형 자동차, 친환경 자동차, 차세대 반도체는 차세대 메모리, SoC(System on a chip), 나노 전자소자 등 이에 관련 소재를 다룬다.

차세대 이동통신은 4G(4th Generation) 단말기 및 시스템, 텔레매틱스(Telematics)와 같은 품목이 있으면 되며, 지능형 홈 네트워크는 홈서버 및 홈게이트웨이, 홈 네트워킹, 지능형 정보가전, 유비쿼터스 컴퓨팅 등의 품목을 말한다. 디지털 콘텐츠와 SW솔루션 산업은 디지털 콘텐츠 제작·이용·유통시스템, 문화 콘텐츠, 임베디드(Embedded) S/W, 지능형 종합물류시스템을 다루는 것을 일컫는다. 차세대 전지는 2차 전지, 연료 전지 및 그 관련 소재를 다루는 업을 말하며, 바이오 신약과 장기는 이름처럼 바이오 신약과 장기, 그리고 바이오칩까지를 품목으로 만지는 기술이라 할 수 있다. 이렇게 위와 같이 정리한 기술들을 자신이 진행하고자 한다면 기술보증기금에 사업 자금 관련하여 문의하면 좋다고 볼 수 있다.

두 번째, 미래 성장유망산업이다. 기술보증기금에서는 미래 성장유망산업을 6T로 규정하여 말하고 있는데, 다음과 같이 정리할 수 있다.

1. 정보기술 관련(IT)
2. 생명기술 관련(BT)
3. 나노기술 관련(NT)
4. 문화기술 관련(CT)
5. 환경기술 관련(ET)
6. 항공우주기술 관련(ST)

여기서도 구체적인 업종과 품목을 나열하자면 다음과 같다.
먼저, 정보기술 관련 업종은 다음과 같이 나열할 수 있다.
- 컴퓨터 및 주변기기 제조 : 컴퓨터, 모니터, 프린터, 키보드 등
- 사무, 계산 및 회계용 기계 제조 : 복사기, 금전등록기, 화폐 분류기 등

- 절연선 및 케이블 제조 : 광섬유케이블 등
- 축전지 제조 : 축전지, 일차전지, 이차전지 등
- 반도체 및 기타 전자 부품 제조 : 인쇄회로판, 전자 축전기, 액정표
  시장치, 전자카드 등
- 통신기기 및 방송 장비 제조 : 유·무선통신기기, 네트워크 장비, 통
  신 단말기, 교환기기 등
- 방송수신기 및 기타 영상, 음향기기 제조 : 셋톱박스, 위성방송 수신
  기 등
- 측정, 시험, 항해 및 기타 정밀기기 제조 : 정보통신 관련
- 전자상거래 : 전자상거래업 관련
- 무선통신업 : 인터넷 통신망, 부가 통신, 별정통신 운용 등
- 정보처리 및 기타 컴퓨터 운용 관련 : 솔루션 개발, 그룹웨어, 음성
  데이터 통합, 콘텐츠 개발, 게임 소프트웨어 등
- 전기, 전자, 통신 및 정밀기기 전문 수리 : 정보통신 관련

이렇게 정보기술 관련, 즉 IT 산업들을 나열해 볼 수 있다. 이 산업은
인터넷의 발전과 함께 급속도로 성장한 영역인 만큼 현재 미래 유망산업
중 가장 큰 비중을 차지한다고 알려졌다. 다음은 생명기술 관련을 알아
보겠다.

- 생물의학 : 호르몬, 혈액 관련 제재, 항암제, 항생제, 성장인자류, 면
  역제, 신경전달물질, 백신, 진단 시약, 유전자요법, 인공장기 등
- 생물화학 : 생분해성 고분자, 아미노산, 유기산, 기능성 다당류, 공

업용 효소, 향료, 색소, 계면활성제 범용화학물질, 생체재료 등
- 생물환경 : 환경정화용 미생물제, 대기 탈황, 탈취제, 응집제, 생물학적 환경오염처리 등
- 바이오식품 : 저 칼로리형 대체감미료, 기능성 지질, 식품첨가물, 천연 식품소재, 기능성 식품 소재, 발효식품, 식품용 효소 등
- 바이오에너지 : 연료용 에탄올, 메탄발효, 이산화탄소 고정화, 광합성, 바이오가스, 미생물 침출 등
- 생물농업 및 해양 : 인공종자 및 우량묘목, 동물 백신 및 진단제, 미생물농약, 해양생물자원, 식물공장, 사료제, 형질전환 동식물 등
- 생물공정 및 엔지니어링 : 발효 공정, 동물 세포배양, 식품 세포배양, 생물반응기, 생물 전환 기술, 분리정제공정 등
- 생물학적 검증 및 측정시스템 : 안전성 및 효능 평가기술, 바이오센서, 바이오칩, 진단 기술, 생체기능이용물질 전환 기술, 측정기기 생산기술 등

의학과 과학의 발달로 인간의 수명이 길어지면서 생명공학 기술의 중요성이 과거에 비해 훨씬 커진 지금, 생명공학은 인류에게 필요한 물질을 대량으로 생산하거나 유용한 물질을 별도로 제조하는 기술을 말한다. 따라서 이러한 생명기술의 비중은 점차 더 확대될 것으로 전망된다.

다음은 나노기술 관련 NT를 알아보겠다.
- 나노 소자 : 나노 전자 소자, 나노 정보 저장, 가변 파장 광소자 등
- 나노 소재 : 나노 분말 소재, 광학용 나노 소재, 촉매 · 환경기능 소

재 등

 – 나노 의약 : 나노 바이오 의약품

 – 나노 공정 기술 : 나노공정 기술 서비스

나노기술은 공상과학 영화에서 소재로 많이 다뤘던 분야인데 물질을 나노미터 단위로 하여 우리 실생활에 나노 소재 제품들을 만들어 내는 기술을 말한다. 대표적으로 컴퓨터 메모리를 꼽을 수 있는데 나노 기술의 발전으로 우리의 컴퓨터 크기가 점차 작아질 수 있었다.

네 번째, 문화기술 관련, CT다.

 – 출판/음반산업 : 서적출판, 신문 · 잡지, 인쇄 및 인쇄 관련 서비스, 기록매체 복제, 음반출판 등

 – 녹음시설운영업 : 녹음시설 운영업

 – 게임산업 : 게임기 제조, 게임소프트웨어 제작

 – 영화산업 : 일반영화 및 비디오 제작, 만화영화, 방송 프로그램, 영화배급업 등

 – 유선 및 위성방송업 : 프로그램공급업, 프로그램 송출, 위성방송

 – 공연산업 : 공연시설 운영, 녹음시설 운영, 공연단체 운영, 공연기획 등

 – 기타 문화산업 : 유원지 및 테마파크 운영 전시 및 행사대행업

문화기술은 현재 많은 사람들이 소비하는 다양한 콘텐츠를 제작하는 산업으로 음악, 영화, 공연 등을 만들어 내는 기술이다. 과거에 비해 발

달한 기술력을 바탕으로 한 작품들을 만들어 대중들의 이목을 이끄는 것이 주 과제라고 할 수 있겠다.

다섯 번째, 환경 기술 관련, ET인데 최근 기후 문제나 지구온난화 등 여러 환경 문제에 대한 목소리가 높아지면서 그 중요도가 높아진 기술 분야이기도 하다.

- 환경 용품 제조 : 유기화합물 제조, 액체 여과기 제조, 용기 세척기 제조 등
- 재활용품 제조 : 석유 정제품 재처리, 폐화합 물질생산, 재생고무, 재생 플라스틱, 폐유리 가공제품
- 환경 설비건설 : 폐기물처리 및 오염방지시설 건물 및 구축물해체공사
- 환경 관련 서비스 : 환경상담 및 엔지니어링, 하수처리·폐기물처리 및 청소 관련 서비스, 자연공원 및 유사시설운영업

환경을 지키자는 세간의 목소리 덕택에 환경에 관한 여러 가지 품목들을 확인할 수 있는데, 환경 용품과 재활용품을 이용한 사업이 환경 기술 사업에 주요한 업종으로 자리를 잡아가고 있다.
마지막으로 항공우주 기술 관련 ST를 알아보겠다.

- 항공기 부품 : 항공기, 우주선 및 부품 제조
- 항공기 임대 : 항공기 임대

– 항공운송 지원 서비스 : 공항시설 운영 등

우주 산업은 지금은 다소 먼 얘기 같지만 향후 가장 발전 가능성이 높은 분야라고 할 수 있다. 이미 일론 머스크와 같은 사업가들은 우주 사업에 눈을 돌리고 화성으로 사람을 보내겠다고 선언하는 등 그 발전 가능성이 무궁무진하여 어디까지 발전할 수 있을지 가늠조차 할 수가 없다. 따라서 항상 우주기술은 미래지향적 산업이라고 평가할 수 있을 것 같다.

이처럼 다양한 분야의 기술들이 현재 대한민국에서 기술보증기금을 통해 창업 지원을 받을 수 있도록 구색을 갖추고 있다. 따라서 내가 기술력은 있는데, 자금이 없어서 구체적으로 '나의 기술이 자금 지원을 받을 수 있을까?' 궁금한 예비창업가들에게 유용한 정보가 되었으면 하는 바람이다.

5장 | 환경을 위한 나의 아이디어, 그 성장성을 알아줄까?

　앞서서 기술보증기금을 통해 기술력은 갖췄지만, 자금이 없어서, 혹은 나의 기술력으로 자금을 지원받을 수 있을까 고민인 예비 창업자들을 위해 어떤 기술 업종이 자금 지원 받을 수 있는지에 말해보았다. 이번에는 환경에 관한 이야기로 넘어가 보도록 하겠다.

　최근 환경오염으로 인한 기후 위기, 생태계 파괴 등 여러 가지 지구 환경의 문제가 전 세계적으로 이슈화가 되고 있다. 이에 따라 여러 국가에서는 환경 산업에 대한 깊은 관심과 지원을 진행하고 있는데, 이는 대한민국 역시 마찬가지다. 따라서 환경에 대한 관심을 갖고 이를 사업화하고 싶은 이가 기술력을 바탕으로 창업을 진행하려고 할 때, 어떤 업종과 품목으로 사업을 해야 기술보증기금으로부터 지원을 받을 수 있는지, 그 성장성을 인정받기 용이한지에 관한 이야기를 해보겠다.

　산업통상자원부에서 발표한 '그린에너지산업 발전 전략에 따른 분야가 환경 산업의 중심이 되어 기술보증기금에서 중점적으로 지원해 주고 있는 분야라고 할 수 있다. 그린에너지산업은 온실가스를 획기적으로 감축할 수 있는 혁신적인 에너지 기술을 기반으로 하는 산업으로, 신재생에너지, 화석연료 청정화, 에너지 효율 향상 분야를 말한다.

지속적인 환경 오염 문제로 인해 그린에너지산업은 거대 성장할 것으로 예측되는데, 미국 케임브리지 에너지 연구소에서는 지열, 태양열과 같은 친환경 그린에너지 분야의 투자 규모가 2030년이 되면 7조 불이 될 것으로 예상했다. 정부 관계자들은 그린에너지 산업의 경제성이 확보되면 타 산업 역시 그린화되고, 그 효과가 사회문화적 변화로 이어지는 폭포 효과를 낼 것으로 내다보고 있다.

이에 따라 국내에서도 이 그린에너지 산업에 대한 투자를 위해 해당 산업을 창업하고자 하는 사업가들에게 자금을 중점적으로 보증하고 있다. 자, 그렇다면 어떤 분야가 중점적 지원을 받을 수 있는지 나열해 보겠다.

먼저 신재생에너지 사업 분야다. 신재생에너지는 사실 신에너지와 재생에너지를 합친 말이다. 지금 우리의 일상에서 많이 사용되고 있는 화석 연료를 변환시켜 이용하거나 태양 빛, 물, 지열, 강수, 생명 유기체 등을 포함하여 재생할 수 있는 에너지로 변환시켜 이용하는 것을 말한다. 신에너지에는 연료 전지, 수소, 석탄의 액화와 가스화가 대표적으로 있으며, 재생에너지에는 태양광, 태양열, 바이오, 풍력, 수력, 폐기물, 지열, 해양의 파력 등이 대표적이라 할 수 있다.

이러한 신재생에너지는 공공 미래에너지로서 시장 창출 및 경제성을 확보하고 장기적인 개발 보급 정책을 통해 민간에 대대적인 공급을 진행하는 것을 국가에서 정책으로 제시하고 있다. 그리고 화석 연료에서 발생하는 이산화탄소를 거의 제로에 가깝게 하여 환경 친화형 청정에너지로 주목받고 있다. 또한 고갈 우려가 있는 화석 연료와 달리 비고갈성 에너지이기 때문에 환경을 보호하면서 무한 재생이 가능하다는 장점이 있다.

이 신재생에너지에는 태양광 분야가 거의 첫 번째로 손꼽히는데 기본적으로 태양광은 인류가 지구에 살고 있는 한, 무한한 에너지가 될 수 있다. 박막 태양 전지, 그에 관한 소재와 부품이나 생산 설비를 갖춘 사업가에게 기술보증기금이 중점적인 보증 지원을 해주고 있다.

다음은 풍력이다. 풍력 역시 태양광과 마찬가지로 무한한 에너지로 주목받고 있다. 물론 풍력은 바람이나 기후의 영향을 태양광보다 더 많이 받는다는 점이 있지만, 지속 가능한 에너지란 점이 큰 장점이기도 하다. 풍력을 이용한 발전기, 고효율의 블레이드, 풍력 발전 시스템 설계와 같은 업종이 지원의 대상이다.

세 번째, 수소 연료 전지다. 수소는 지구에서 가장 큰 비중을 차지하는 물을 이용한 에너지로 그 발전성이 크게 주목받고 있는 게 사실이다. 현대자동차에서는 수소 전기 자동차를 개발하여 상용화까지 한 상태다. 물론 기존 화석 연료로 움직이는 차량이 많아 수소 전기 차량의 충전소가 보편화되려면 시간이 걸리겠지만, 인류가 지구에 살아가면서 수소만큼 친환경적인 에너지도 드물 것이다.

　온난화와 같은 환경 문제를 해결할 수 있기 때문에 수소는 현재 많은 환경학자와 과학자들에게 주목받는 에너지라고 할 수 있다. 이러한 수소 에너지를 상용화하기 위해 휴대용(가정용) 수소 연료 전지 개발, 건물용 수소 연료 전지, 이에 관련한 부품 생산 개발을 하려는 예비 창업자나 사업가에게 기술보증기금이 중점적으로 기술 평가를 하여 지원을 모색하고 있다.

　다음은 화석 연료 청정화 분야다. 언론에서도, 여러 매체에서도 화석 연료로 인한 이산화탄소와 같은 온실가스 배출이 과다해져 지구의 기후에 심각한 영향을 미치고 있다는 이야기는 널리 알려진 사실이다. 이에 따라 화석 연료를 연소시키면서 발생하는 이산화탄소를 대기로부터 격리하는 기술, 탄소 포집 및 저장(CCS : Carbon Capture and Storage)과 관련한 사업이 정부의 투자와 지원을 받을 수 있기 때문에 이 분야 창업을 생각 중이라면 기술보증기금의 문을 두드려 볼 만하다.

　화석 연료는 지구온난화와 같은 기후 문제뿐 아니라 대기 오염의 주범이기도 한데, 화석 연료를 태우면서 발생하는 황산화물과 질소산화물은 대표적인 공해 물질이다. 황산화물은 우리에게 잘 알려진 산성비를 내리게 하는 주요 원인이다. 이런 산성비가 내리면 토양의 산성화로 인해 삼림 피해, 어패류의 감소, 섬유 제품의 퇴색, 금속 부식, 문화재 파괴와 같은 문제가 발생한다.

따라서 이러한 공해 물질을 감소하기 위한 기술 역시 중점 지원의 대상이 된다. IGCC(Integrated Coal Gasification Combined Cycle)라고 불리는 석탄가스화복합발전은 석탄을 고온고압 조건에서 산소나 증기와 반응시키면 수소와 일산화탄소가 대부분인 합성가스로 전환할 수 있는데, 이를 이용한 발전이 바로 석탄 가스화 발전이다. 석탄가스화복합발전(IGCC)은 합성가스로 전환하는 공정과 유해가스를 제거하는 정제 공정, 가스터빈을 통해 전력을 생산하는 발전공정이 융합된 차세대 에너지 전환 기술이라고 불리는데, 가스화 반응에서는 주요 공해 물질인 황산화물과 질소산화물이 생기지 않는 장점이 있어 환경오염을 줄일 수 있는 기술이다.

이 IGCC에 필요한 수증기 발생장치, 황화합물 분리장치, 가스화기 등 핵심부품 및 제어시스템의 기술력을 가지고 창업하려 할 때, 기술보증기금에 지원 신청을 할 수 있는 자격을 갖출 수가 있다. 또한 화석 연료 석탄을 이용한 석탄액화 기술(CTL) 역시 친환경 기술로 불리는데 석탄을 가스화해 합성 석유를 뽑아내는 기술이다.

한국에너지연구원이 이 기술을 개발하기 위한 연구를 진행하였고, CTL 기술이 개발된다면 머지않아 우리나라는 유가 상승에 큰 영향을 받지 않고 마음껏 석탄에서 석유를 뽑아 쓸 수 있는 시대를 열 수 있을 것으로 보인다. 그만큼 미래 한국의 에너지 기술로 중요한 기술인 것이다.

기존 석탄을 연소할 경우 많은 양의 이산화탄소와 온실가스가 배출되는데 이 석탄 액화연료는 석탄과 천연가스를 혼합하여 만든 것이다. 석탄에서 수분과 불순물을 제거하고, 수소와 일산화탄소 등을 가스화하여 합성 석유와 합성 천연가스 등으로 변환시켰기 때문에 기존 석유(휘발유)에 비해 이산화황을 35% 적게 배출하기 때문에 친환경적인 연료라고 부를 수 있다.

따라서 위와 같은 기술에 경험이 있거나 이를 바탕으로 한 창업, 사업화하려는 예비 친환경 에너지 사업가는 기술보증기금의 보증 지원의 대상이 될 수 있다.

그리고 에너지 효율성 향상 사업 분야가 있다. 이 분야는 비교적 우리의 일상과 가까운 업종들이 있는데, LED 제작이나 부품을 가공하는 업종이 해당된다. LED는 저전력, 긴 수명이 장점으로 꼽히는 발광 반도체 소자로 기존의 백열전구나 형광등에 비해 에너지의 효율성을 높여준다는 큰 장점이 있어 시장에서 주목받고 있다. 따라서 이러한 LED 관련 사업을 진행하게 될 경우 역시 친환경 에너지 사업으로 인정받을 수 있다.

이렇게 전 지구적인 환경 문제가 닥친 현시점에서 정부에서는 친환경 사업에 관해 대대적인 지원을 적극적으로 장려하고 있다. 만약 본인이 환경을 지키기 위한 창업과 사업 진행을 꿈꾸고 있다면 적극적으로 움직여서 정부 지원과 환경 보호, 그리고 커다란 수익 창출이라는 세 마리 토끼를 잡아보면 어떨까 싶다.

6장 | 복잡한 도시의 직장 생활을 접고 시골에서 귀농 창업자 되는 방법

최근 유튜브를 살펴보면 농사일하며 구독자 수가 몇만 명을 넘는 젊은 농사 유튜버들의 모습을 심심찮게 찾아볼 수 있다.

'귀농 빗쟁이'라는 유튜버는 해외에서 살다가 도시 생활하면서 고된 회사 생활에 회의를 느껴 귀농 후, 딸기 농장을 차려 운영하는 농업인이 된 후 일어나는 일상을 영상화하여 구독자 수 5만 명을 넘겼다. '동갑내기 영농일기'라는 이름의 부부 유튜버는 시골에서 소를 사육하고, 옥수수 농사를 짓는 모습을 담은 영상을 주제로 업로드를 하고 있는데 구독자가 대략 20만 명에 육박하고 있다.

이처럼 귀농이란 주제를 가지고 유튜브에 올린 영상들이 많은 반응을 이끌어 내면서 실제 귀농을 선택하는 젊은이들이 예전보다 늘어나고 있다. 산청군에서는 2023년 들어 귀농한 인구가 153명에 이른다고 밝혔다. 이는 복잡한 도시 생활이 주는 여유 없는 삶, 도시의 환경 오염으로 인한 건강 문제 등으로 인해 더욱 여유롭고 건강한 삶을 위해 귀농을 결심한 사람들이 많아졌음을 의미하기도 한다.

그래서인지 여러 지방 소도시에서는 귀농 및 귀촌을 장려하고 성공적인 정착을 위한 다양한 지원과 프로그램들을 강화하고 있다. 충청북도는 인구소멸 위기 극복을 위한 취지로 귀농·귀촌인들과의 워크숍을 진행했으며, 하동군은 귀농·귀촌인들을 대상으로 한 정착 우수사례 공모전을 열어 대상에게는 100만 원을 시상하는 이벤트를 열기도 했다.

또, 귀농·귀촌을 하더라도 생계를 이어 나가야 한다는 부분을 감안한 함평군은 신규 농업인과 선배 농업인과의 소통의 시간을 마련하기도 했다. 신규 농업인 기초 영농 기술 교육의 하나로 초보 귀농인들의 성공적인 정착을 위해 영농 기술과 경영 노하우 전수를 할 수 있는 시간을 만든 것인데, 모종 관리, 농산물 가공, 우수 농가 실습 교육 등을 진행하여 귀농하더라도 어떻게 자신만의 생계 수단을 만들 것인가를 중점적으로 교육하였다.

이처럼 귀농을 결심하더라도 인간으로서 기본적인 생활을 영위하기 위한 수단이 필요하기 때문에 귀농 시 무엇을 가지고 생계를 이어갈지에 관해서도 반드시 생각해야 한다. 전라북도 군산에 귀농하여 딸기 농장을 운영하는 '딸기로움'의 강정구 대표는 "귀농할 때 작물 선택이 중요하며, 시류에 휩쓸리지 말고 자기 적성에 맞는지 확인해 볼 것"이라는 말을 세계일보와의 인터뷰를 통해 밝힌 적이 있다.

단순히 귀농·귀촌이라는 환상에 빠져 사전 준비 없이 농사에 뛰어드는 건 분명 경계할 필요가 있다. 그러나 자신이 이러한 사전 준비가 철저히 되어 있고, 농사가 적성에 맞아 농장을 경영해 보고자 한다면 어떻게 해야 할까? 기술, 마케팅, 수익률 등을 당연히 고려해야겠지만 이를 뒷받침해 줄 자금도 분명 필요할 것이다. 그런데 나는 담보할 것이 없어서 대출받기엔 용이하지가 않다고 생각하는 예비 창업자라면 이제 주목해야 할 것이 있다.

바로 농림수산업자신용보증기금에 관한 정보다. 이 기금은 담보력이 약하여 자금조달이 어려운 농림수산업자들을 위해 1972년에 설립된 곳이다. 지금까지 158조 원가량을 보증 지원한 이 기금의 역할 덕분에 농어촌의 발전과 귀농인들의 창업률과 성장률이 높아졌다. 특히 청년 농업인 스마트팜 창업과 맞춤형 보증 확대를 실시하여 인구가 줄고 있는 농촌에 귀농하여 자기 사업을 할 수 있는 여건을 갖출 수 있도록 지원을 해주고 있다.

구독자가 1만 8천 명에 이르는 유튜버 '자디스'는 자신의 농사를 영상 촬영하여 올리는 것을 주 콘텐츠로 삼고 있는데, 그 역시 농업수산업자 신용보증기금(농신보)을 통해 대출을 받아 땅을 구매하여 자신이 재배한 버섯을 명절 대목에 모두 판매하는 수익을 얻어내는 모습을 보여주었다. 또한 대목이 아니더라도 매일 50kg의 물량을 평균적으로 판매하는 실적을 내고 있으며, 2022년 기준 연 1억 원의 매출을 냈다고 하니 기금을 통한 대출로 창업하여 확실한 성과를 얻어낸 사례라고 할 수 있다. 이처럼 자신이 귀농을 선택하여 어떻게 사업을 할 것이고, 어떻게 자금 운용을 할 것인지를 면밀하게 검토하여 창업을 진행한다면 충분히 좋은 성과를 낼 수 있기도 한 것이다.

어떤 사람이 보증의 대상이 되어 대출을 받을 수 있느냐? 이건 사실 너무 간단하다. 농업인, 임업인, 농업기계 사후 관리업소 대표자, 농림수산단체, 어업인, 농림수산물유통가공업자, 원양어업자, 농림수산물수출업자, 천일염제조업자, 농림어업을 경영할 의사가 있는 자가 그 대상자다. 기존의 농어업에 종사하는 사람이 될 수 있지만, 무엇보다 농림어업을 경영할 의사가 있는 예비 창업자에게도 그 보증의 기회가 열려 있는 것이다.

그렇다면 보증의 종류는 어떤 게 있을까? 대표적으로 몇 가지를 꼽아 설명해 보겠다.

먼저 일반보증에 관해 말하겠다. 일반보증은 말 그대로 일반적인 보증인데 영농어활동에 필요한 자금을 지원받는 것으로, 순수 일반보증은 보증 한도가 개인사업자 15억 원, 법인사업자 20억 원까지 보증받을 수 있다. 일반보증 안에 스마트팜 신용보증은 첨단온실사업자, 농업 에너지 효율화 사업자가 받을 수 있는 보증인데, 개인사업자는 30억 원, 법인사업자는 70억 원까지 보증받을 수 있다.

다음은 우대보증이다. 우대보증은 정부에서 귀농이나 귀어를 하는 사람들과 농어업인의 후계자, 농어업 전문 교육 수료자, 농어업창업경진대회, 친환경 농어업 인증자를 대상으로 하는 보증 비율 지원제도다. 위에 언급한 대상은 모두 보증 비율이 95%로 기금에서 대출금의 95%를 보증 서준다.

그리고 사업을 하던 중 뜻하지 않은 재해가 닥쳤을 때를 대비한 보증도 있다. 특례보증 제도로 재해대책관련 법령과 가축전염병예방 법령에 따라 최대 5억 원을 보증해 주는 농어업재해대책자금 신용보증이 그것이다. 농업에 종사하다 보면 아무래도 기후나 주변 환경의 영향에 의해 수확률이 감소하거나 손해를 볼 수 있고, 심지어 판매조차 할 수 없는 막대한 피해 상황이 발생할 수 있기 때문에 이러한 보증 제도가 운용된다고 할 수 있다.

마지막으로 농어업 재기 지원 신용보증이 있는데, 이것은 사업자가 불운하게도 기금의 채무를 변제하기 어려운 경우, 채무자의 재기를 돕기 위해 지원되는 것으로 개인사업자는 15억 원, 법인사업자는 20억 원 이내까지 지원된다.

이처럼 농림수산업자신용보증기금에서는 귀농 창업자들을 위한 창업자금에서 재해 대책 자금, 재기 자금까지 사업 중 발생할 수 있는 모든 상황에 알맞은 보증 제도를 운용하고 있다.

자, 이렇게 어느 정도 금액이 보증 지원 받을 수 있는지 알아보았으나 금리(연이율/수수료)가 어느 정도일지 몰라 불안해하는 사람이 있을 수도 있다. 지금부터 금리를 설명하도록 하겠다.

농신보에서 제공하는 보증 지원의 금리는 대상자가 어떤 사업자냐에 따라 차이가 있다. 크게 자연인 및 비법인단체(개인)과 법인사업자로 구분한다.

먼저 비법인단체는 보증 금액 2억 원 이하는 연이율 0.3~0.4% 수준이다. 7억 원 이하는 0.4~0.6%, 7억 원 초과는 0.6~0.9% 정도다. 크게 부담을 느낄 정도의 수준이라고 보기는 어렵지 않은가?

그렇다면 법인은 어떨까? 법인 2억 원 이하는 0.5~0.8%, 7억 원 이하는 0.7~1.0%, 10억 원 초과는 0.9~1.1%, 10억 원 초과는 1.0~1.2%로 일반적인 대출보다 연이율이 상대적으로 낮다고 볼 수 있다. 위에서 보면 연이율의 최저치와 최고치가 다소 차이가 나는 것을 볼 수가 있는데, 이는 농어촌 지역에서 1차 산업 역할을 하는 농림어업 종사자라면 낮은 연이율을 받을 수 있고, 2차 산업 역할을 하는 비농림어업, 농어업에 관련한 가공을 하는 업자라면 조금 더 높은 연이율을 적용받기 때문이다.

하지만 상대적으로 연이율이 높다고 해도 개인이 받는 보통의 대출에 비하면 훨씬 낮은 연이율을 적용받기 때문에 보증 지원 대출을 받더라도 본인이 수익 창출을 안정화만 시킨다면 충분히 부담을 적게 받을 수도 있다고 사료된다.

이렇게 국가에서 농촌을 살리기 위해 귀농을 권장하는 정책에 맞춰 창업 자금을 보증받을 수 있는 제도가 있고, 리스크 발생 시에도 지원받을 수 있는 체계가 갖춰진 만큼 본인이 뜻을 갖고 충분한 사전 정보 조사 및 농업 창업 교육을 받아 만반의 준비를 해서 귀농한다면 성공한 귀농인이 될 기회가 있는 것이다. 실제로 성공한 사례도 있는 만큼 진심으로 간절한 꿈이 있다면 이러한 제도의 이점을 살려보길 추천한다.

7장 | 대학생,
취업난 속에서 창업가가 되어보자

오늘날 청년들의 큰 고민거리가 무엇인가? 바로 일자리 문제다.

해마다 취업난이라는 기사가 올라오면서 많은 청년들이 취업을 위해 스펙을 쌓고, 어떤 업종에 종사할지 많은 고민들을 한다. 그리고 특정 기업이나 기관에서 어떤 인재를 선발하는지 정보를 찾느라 분주하다. 그래서 지금의 대학생들은 대부분 졸업 후 자신의 진로를 어떻게 해야 할지에 대한 고민들이 크고 그로 인한 심리적 타격을 많이 받고 있는 듯하다. 보통 일반적으로 대학교를 졸업하고 나면 취업을 해야 하는 것이 일반적인 루트이기 때문이다.

그러나 과연 대학교 졸업 후 취업하는 것만이 자신의 인생에 맞는 길이라고 할 수 있을까?

페이스북을 만들었던 마크 저커버그는 하버드대학교의 대학생 시절 소개팅 기반의 커넥션 웹이었던 하버드 커넥션 개발자로 일을 하던 중 이 아이디어를 차용하여 자신만의 독자적 서비스를 개발하였는데, 그게 바로 페이스북이었다.

그는 페이스북 서비스를 개발한 지 불과 6개월 만에 대학교 중퇴를 결정했고, 페이스북의 CEO가 되어 현재 억만장자들 중 가장 젊은 사람이 되었다. 이처럼 대학생이라고 해서 창업에 뛰어들지 말란 법이 없다. 오히려 그것이 자신에 맞는 일이라면 창업을 선택하는 것이 자신의 미래를 발전시킬 수 있는 요소라고 할 수 있다.

국내 대학생을 상대로 잡코리아와 알바몬이 조사한 결과에 따르면 대학생 10명 중 8명이 창업을 하고 싶다는 의견이 나왔다. 이유로는 돈을 많이 벌고 싶거나 자신이 좋아하는 일을 실현한다든지, 현재 취업이 어렵다, 사업으로 실현해 보고 싶은 아이디어가 있다는 등의 응답이 나왔다. 하지만 이러한 의지는 있으나 실행하기 어려운 이유로 손실에 대한 두려움이 크다는 응답이 높게 나왔다. 과연 창업은 손실에 의한 두려움 때문에 주저해야 하는 것일까?

국내에 마크 저커버그와 같이 젊은 나이 창업하고 성과를 거둔 몇 가지 사례를 말해보겠다. 2016년 23세의 청년이었던 김경희 대표는 숯진주라는 아이템으로 대학생 창업가가 되었다. 숯과 진주를 결합하여 가공한 제품을 만드는 '숯진주 연구소'의 김 대표는 2014년과 2015년 2년간 3차례에 걸쳐 창조경제타운 인큐베이팅 아이디어로 선정되어 멘토링을 받아 점차 사업을 발전시켰다. 그리하여 2020년까지 특허받은 발명품은 숯진주, 오존 살균 신발장, 오존 살균 수족관 등 10여 개에 달한다.

본인이 좋아하는 취미를 가지고 창업하여 연봉 3억을 버는 대학생 창업가도 있다. 히어로 보드게임 카페 경기도 서현점과 서울 성신여대점을 운영 중인 김선덕 대표는 보드게임을 즐기는 평범한 대학생이었다. 그는 평소 좋아했던 보드게임이 초등학생들의 방과후교실에서 배우는 과정이라는 점과 본인이 보드게임 카페에서 아르바이트를 했던 경험을 살려 2019년 23세의 나이로 창업을 하게 되었다.

그는 본래 보드게임을 좋아했던 터라 스스로 구상한 야구 보드게임이 있었는데, 이것을 상품화하기 위해 히어로 보드게임이란 보드게임 회사를 찾아가 조언을 구했고, 그 회사의 도움을 받아 이를 상품화하는 데 성공하였고, 이어 가맹점을 차리게 되었다. 김선덕 대표는 여기서 멈추지 않고 자신이 직접 보드게임을 개발하는 '룰게임즈'라는 회사를 창업했다. 룰게임즈는 보드게임을 개발, 유통하는 것과 동시에 보드게임을 교육하는 강의 클래스까지 운영하고 있다.

이러한 대학생 창업가들의 성공은 당연히 그냥 이루어지는 것은 아니다. 그들은 나름대로 자신의 창업 아이템에 대한 연구가 있었고, 그것을 실현하기 위해서도 다양한 정보들을 수집했다. 그렇기 때문에 안정적인 수익 창출이라는 결과물을 도출해 낸 것이다. 하지만 대학생은 아직 창업하기에는 사회 경험이 미숙하다는 단점이 있다. 그러한 문제 때문에 부모님이나 주변 사람들이 대학생이 창업을 하려고 한다면 말리려고 드는 경우가 많다.

이런 문제점을 해결하기 위해 정부와 지자체, 여러 대학교에서 대학생들을 위한 창업 지원을 진행하고 있다. 특히 경북창조경제혁신센터의 G-Star 대학생 창업 경진대회가 대표적인 그 예다. 경북 지역의 대학생들을 대상으로 우수 아이디어 발굴 및 청년 창업 활성화를 위한 목적으로 만들어진 이 대회는, 수상한 팀들이 실제 창업으로 이어질 수 있도록 투자 프로그램과 교육 프로그램을 매칭시켜 지속적인 관리를 해주어 창업에 뜻이 있는 대학생들에게 인기가 높은 프로그램으로 주목받고 있다. 2022년 한동대학교에서는 2개의 창업팀이 참여하여 모두 우수상을 받는 성과를 냈고, 온라인에서 고객을 모아 오프라인에서 유통하는, O2O 기반 친환경 소셜 플랫폼을 선보일 예정이라고 한다.

실제로 코로나 팬데믹 사태 이후 오히려 창업을 선택하는 대학생의 비율은 과거에 비해 더 증가했다고 한다. 교육부가 2022년에 발표한 대학 산학협력 활동실태조사에 따르면 2015년 대학생 창업 기업은 861개였으나, 2020년 1805개로 5년 사이에 2배 이상 증가한 것으로 나타났다.

그러나 창업을 하더라도 지속 가능한 운영이 관건이다. 이러한 지속 가능한 사업 안정화를 위해서는 청년 및 대학생 창업 경진대회나 관련 지원 프로그램을 잘 이용하는 것도 현명한 지혜다.

2022년 대구경북과학기술원(DGIST) 3학년에 재학 중인 류동환 대표가 창업한 엘엠엔틱바이오텍은 마이크로 자성 패턴 기반의 정밀 세포 제어 및 진단 플랫폼 기술을 가지고 이에 관련한 제품 등을 제조 및 판매를 하는 사업을 진행 중인데, 이 회사는 정부 기술 창업 지원 프로그램 팁스(TIPS)에 선정되어 2년간 5억 원의 연구개발 자금을 지원받는 성과를 냈다. 이런 정부 지원 프로그램 선정을 통한 기술력 인정을 통해 2023년 한국신약개발연구조합이 개최한 바이오 벤처 스타트업 투자 포럼에도 참석하였으며, 카이스트 물리학과 출신 김철기 박사의 기술 자문과 더불어 기술의 상용화를 서두르고 있다.

이처럼 대학생 창업가들의 통통 튀는 새로운 아이디어가 사업화되고 우리의 일상 속으로 녹아드는 일이 점점 많아지고 있다. 위와 같은 대회나 지원 프로그램 외에도 혁신적인 아이디어나 고유 기술을 가진 대학생이 도전해 볼 만한 지원처는 신사업창업사관학교다.

사업 성장 가능성이 높은 아이템을 선발하여 육성 기반을 마련해주는 정책 사업의 일환으로 만들어진 기관으로 연간 약 500명을 선발한다. 물론 대학생만 선발하는 것이 아니라 사업에 뜻이 있는 사람이라면 누구나 도전이 가능하다. 여기를 대학생 예비창업가에게 소개하는 이유는 사회 경험이 적은 대학생이 선정되었을 때, 사업화 자금, 창업 준비금, 창업 상담 및 지도 코칭, 창업 교육, 보육 공간 등 실질적으로 창업 시 필요한 것들을 배울 기회가 제공되기 때문이다.

선정이 되면 예비창업가에게 창업 역량을 길러주는 교육이 진행된다. 자신의 아이템을 구체화하고 깊이 있게 연구하여 현실적으로 어떻게 사업화할 것인가를 코칭해주며, 중소벤처기업부에서 1명당 500만 원을

100% 정부 지원금을 제공해 준다. 이 과정에서 수료를 해낸 사람들에게는 창업 임박자로 구분해 사업화 자금을 최대 4,000만 원까지 지급해 준다. 그리고 보육 공간을 최대 2년간 지원하여 연계 사업 코칭을 받을 수 있는 기회를 제공한다.

경기도에서는 대학생 융합기술 창업지원 제도를 운용하고 있는데, 경기도 소재, 혹은 거주하는 대학생이나 대학원생을 대상으로 경기도 내에서 창업을 희망하는 예비 창업자나 사업 개시 3년 이내의 초기 창업자를 대상으로 사업화 자금을 지원해 주고 있다. 인공지능, 빅데이터, 정보통신, 미래형 도시 설계, 차세대 교통 시스템 등과 같은 융합 기술 분야의 업종을 대상으로 지원자를 받고 있으며, 선정된 팀에게는 시제품 제작비, 실험 재료비, 지식재산권 출원 및 등록비, 마케팅 활동 등에 사용할 수 있는 자금을 최대 5,000만 원까지 지원해 주며 서울대학교 교수진과 연계된 멘토링, 창업 공간 및 사무실 입주 자격을 주는 등의 혜택을 제공하고 있다.

이처럼 대학생이라도 자기 아이디어와 사업가의 꿈과 포부, 지속 가능한 성장력이 있다면 창업을 해볼 수 있는 지원 제도들을 두루 살펴보고 혁신적인 사업가로 거듭날 기회의 장을 열어보는 것이 어떨까 한다.

8장 | 제2의 정주영을 꿈꾸는 예비창업가에게 드리는 글

일제 강점기 직후 한반도에는 6.25 전쟁이 발발하였다.

전쟁은 3년여를 끌었고 결국 한반도는 휴전을 두고 나뉘었다. 전쟁의 여파는 어마어마했다. 도시는 파괴되었고, 국민들은 극도의 가난에 시달려야 했다. 미군이 나눠주는 배급품 없이는 하루도 살 수 없는, 아프리카보다는 못 사는 나라로 전락하였다. 맥아더 장군은 한국이 회복되려면 100년은 더 걸릴 것이라 했다. 하지만 모두가 어렵다고 할 때, 전쟁으로 폐허가 된 나라에서 건설 회사를 세우고, 국가 재건 사업에 뛰어들고, 고속도로를 만들고, 자동차를 생산하고, 배를 만들어 내고, 굴지의 대기업을 만들어 한국이 세계 경제 대국 반열에 오르도록 공헌한 한 사나이가 있었다. 그는 바로 현대그룹의 창업자 아산 정주영 회장이다.

정주영 회장은 불모지나 다름없던 한국에서 세계적인 기업을 만들어 낸 장본인이었다. 젊은 시절 공사판에서 막일부터 시작했던 그는 우연히 취직한 쌀가게에서 가게 매출을 크게 올리면서 주인의 눈에 들었고, 가게를 인수하게 된다. 이후 그는 자동차 수리 공장을 열어 서울 시내에서 제일가는 수리소로 이름이 났으나 갑작스러운 화재로 모든 것을 잃고 말았다. 하지만 그는 거기서 굴하지 않고 사채업자로부터 돈을 빌려 파손된 자동차 보상금을 차주들에게 지불한 후, 다시 공장을 일으켜 세웠다.

이후 건설 회사를 설립한 후, 6.25 전쟁이 끝나자, 폭격과 전투로 인해 파괴된 국가 시설들을 다시 세우면서 회사를 거대한 그룹으로 만들어 내는 데 성공했다. 정주영 회장의 사례처럼 한국에서, 아니 아무것도 없는 불모지에서도 세계적인 대기업이 탄생했다.

그렇다면 오늘날처럼 발전한 대한민국에서 이러한 대기업이 탄생할 수 있을까? 카카오, 네이버, 풍산과 같은 기업이 후발 주자로 지금 자리를 잡고 있는 것을 본다면 경제가 발전한 오늘날의 시점에서도 새로운 대기업은 언제든 탄생할 수 있다. 특히나 창업에 뜻이 있는 예비 사업가라면 전 세계를 호령하는 대기업 회장을 꿈꾸는 사람도 있지 않을까?

창업이란 것은 많은 각오를 해야 하는 부분이 큰 것이 사실이다. 자금의 조달, 사업 아이템, 안정적인 수익화 등 말로는 간단하지만 실제로 실행해 보면 만만치 않은 경우가 많다. 자신 있게 창업은 했지만 5년을 넘기지 못하고 폐업하는 경우도 꽤 많다. 그래서 어른들은 함부로 사업을 하지 말라고 하는 경우가 많다. 특히나 젊은 사람들이 혈기와 패기를 앞세워 사업을 하려고 할 때 온몸을 바쳐 말리는 경우가 많은 게 이러한 이유 때문이다. 그렇지만 자신이 정말 사업가가 꿈인데, 단순히 미래가 어떻게 될지 모른다고 해서 꿈을 포기하는 삶이 행복한 삶일까? 물론 사업 실패의 여파와 후유증은 클 수도 있다.

하지만 꼭 한 번 도전해 보고 싶다면 도전하는 것도 필요하다고 말하고 싶다. 오늘날의 현대 그룹을 만든 정주영 회장도 전 재산을 잃어가며 사업을 했지만 포기하지 않고 끝까지 해냈다. 그런 정신력이 창업가에게는 필요한 것이라 사료된다.

그 정도의 각오가 되었다면 사업을 해도 되지 않을까 싶다. 정주영 회장은 6.25 전쟁 직후 폭격으로 파괴된 고령교를 재건하는 공사를 하다가 불어난 강물에 의해 세웠던 교각이 무너지고 인부들이 사망하는 대참사를 겪었다. 이를 만회하기 위해 무리하게 공사를 진행하다가 똑같은 사고가 또 발생해 집도 팔고 빚은 산더미처럼 쌓여 인부들의 봉급조차 줄 수 없는 상황에 부닥쳤고, 주변 사람들은 공사를 포기하라고 했다.

하지만 정주영은 신용을 잃을 수 없다며 사채업자로부터 큰돈을 빌려 결국엔 공사를 완공시키는 데 성공했다. 물론 워낙 크게 손해를 본 공사인지라 정주영은 이후 그 빚을 갚는 데 20년이 걸렸다고 한다. 하지만 그는 결국엔 대기업의 회장이 되었고, 오늘날 전설적인 기업인으로 이름을 남겼다. 그의 명언 "시련은 있어도 실패는 없다"는 말은 지금까지 기업가뿐 아니라 많은 사람의 귀감이 되고 있다.

이렇게 자신의 사업에 목숨 걸고 끝까지 해볼 각오가 있는 사람이라면 사업에 도전하는 것도 인생의 전환점이 되겠다고 여겨진다. 그런데 무모하게 도전해서 성공을 하면 다행이지만 만약 실패라도 한다면 아무리 사업에 목숨을 걸었다고 해도 어마어마한 데미지를 받게 될 것이다. 사실 대다수의 사람들이 이 데미지가 두려워 함부로 창업을 하지 못한다. 그러면 정주영 회장같이 흙수저에서 대기업 회장까지 올라가기 위한 길은 정녕 없는 것일까?

뜻이 있으면 길이 있다. '정주영 창업경진대회'라고 들어보았는가? 말 그대로 정주영 회장의 이름을 따서 지어진 창업경진대회다. 이 대회는 바로 스타트업의 등용문이라고 할 수 있는 행사다. 정주영 회장의 서거 10주기를 기념하여 출범한 아산나눔재단에서 주최하는 이 대회는 청년 사업가, 사회 혁신가의 도전과 성장을 지원하기 위해 만들어졌다.

창업을 꿈꾸는 예비창업가, 혹은 창업 2년 이내의 기업가라면 누구든 참여할 수 있는 이 대회는 총상금이 2억 4,000만 원으로 크게 두 개의 분야로 구분하여 시상자를 선발한다. 도전 트랙 분야는 예비 창업자들로 구성되어 지원자 중 7팀을 선정하고, 성장 트랙 분야는 이미 사업자를 등록한 개인이나 법인 기업가들 7팀을 선정한다.

도전 트랙은 대상 3,000만 원, 최우수상 2,000만 원, 우수상 1,000만 원, 장려상 500만 원을 시상하며, 성장 트랙은 대상 5,000만 원, 최우수상 3,000만 원, 우수상 2,000만 원, 장려상 1,000만 원을 시상한다. 선발된 팀은 창업지원센터 마루에서 사무공간을 제공해 주고, 시드머니

500~1,000만 원을 제공하며, 사업과 관련된 여러 분야의 전문가들과 연계를 지원해 준다.

특히 전문가 60여 명과 1:1 멘토링을 지원한다는 점에서 5억 원 이상의 가치를 지닌 교육이라 할 수 있다. 그 외에 투자와 홍보, 글로벌 진출과 같은 사업에 필요한 요소들을 함께 지원해 준다. 대회에 지원할 수 있는 사업 분야는 사행성이나 유흥 분야를 제외하면 어떤 것도 가능하다.

실제 한 가지 사례를 말하자면, 이 대회에서 대상을 수상한 '플룸디'라는 기업은 카메라 한 대만 가지고도 모션을 실시간으로 모방하는 기술을 상용화할 예정이다. 촬영되는 대상의 표정과 행동을 실시간으로 인식, 분석하여 이를 가상현실에서 자연스러운 움직임으로 구현하는 것이다. 이는 본인의 얼굴을 드러내지 않는 유튜버, 혹은 다른 얼굴로 활동이 가능한 유튜버를 만들어 낼 수 있는 기술이다. 이 얘기만 들으면 지금도 있는 기술이 아니냐고 반문할 수 있다. 현재 모션을 컴퓨터로 옮겨서 모방하여 움직이는 기술은 장비들이 대부분 고가의 장비라서 일반인들이 접근하기엔 다소 무리가 있다.

그러나 플룸디는 이러한 기술을 평상시에 사용하는 저렴한 카메라 한 대로 가능하게 만드는 기술을 개발하고 있는 것이다. 그러니까 이미 기존에 있는 기술이라 할지라도 가격대가 지나치게 높거나, 전문가들만 사용할 수 있는 높은 장벽이 있는 것을 더 많은 사람들이 사용할 수 있도록 진입 장벽을 낮추는 아이디어를 사업 아이템으로 개발한 것이다.

가치 창출을 기반으로 한 사업 아이디어가 높은 점수를 받는다고 할 수 있는 동시에 생활 속에서 어려웠던 부분을 자신만의 아이디어로 재생산하는 것도 새로운 패러다임을 여는 열쇠가 된다는 것을 플룸디가 보여주었다고 할 수 있다.

이처럼 새로운 시대에 걸맞은 새로운 사업 아이템이 있거나 본인만의 스타일로 창업을 꿈꾸는 사람에게는 위와 같은 사례가 좋은 본보기가 되겠다고 여겨진다. 하지만 창업은 단순히 사장님 소리 듣고 싶다는 욕심으로 해서는 안 된다.

창업하더라도 그것을 유지하는 것은 더 많은 시간과 노력이 필요한 부분이다. 도전을 통해 더 나은 가치를 세상에 내보일 수 있는 마음, 배움과 실천을 통한 자신의 잠재 능력 발휘, 일회성으로 끝나는 게 아니라 지속적으로 역량개발을 할 수 있는 사업, 책임감 있고 투명한 사업 진행을 할 수 있는 각오가 된 사람에게 진정한 창업의 길이 열리게 되리라 본다. 만약 본인이 이 모든 조건에 맞게 움직일 각오가 되어 있고, 진정 제2의 정주영, 나아가 세계적인 기업가가 되는 것을 꿈꾸는 사람이라면 창업 경진대회에 도전해 볼 만한 가치가 있지 않을까 싶다.

9장 | 반려동물과 함께
미래 시장 창업을 준비해보자

　최근 방송가에서 방영되는 반려동물 관련 프로그램을 통해 반려동물에 대한 인식이 크게 바뀌었다. 단순히 애완용으로 기르는 것이 아닌 하나의 가족 구성원으로서 동물을 대하기 시작했고, 이에 따라 동물들과 소통과 공감을 어떻게 해야 하는지 전문 훈련사들이 직접 나와 시범을 보이고 보호자에게 그 스킬을 전수해 주곤 한다.

　코로나19 이후 반려동물을 기르는 인구가 급증했다는 보도가 있었다. KB경영연구소가 발표한 2021년 반려동물 보고서에 따르면 대한민국의 반려동물 인구는 대략 1,450만 명가량으로 전체 인구의 약 30%가량을 차지한다. 대한민국의 반려동물 인구가 급증한 것은 코로나19의 영향으로 사람들이 외출보다는 실내에서 생활하는 시간이 길어지면서 동물을 돌볼 수 있는 상대적 여가 시간이 길어져 이전보다 급속도로 증가한 것으로 보고 있다.

　실제로 한국농촌경제연구원의 조사에 따르면 2020년 기준 반려동물 시장 규모는 3조 4,000억 원으로 집계되었는데, 이는 2015년 대비 약 79% 증가한 수치로 불과 5년 사이에 그 규모가 빠르게 증대되었다. 현재 반려동물 시장이 6조 원에 육박하고 있으며, 향후 10년 뒤에는 20조 원을 넘을 것이라는 예상도 나오고 있다.

반려동물 시장이 급성장하면서 기존에 없었던 새로운 상품과 서비스들이 지속해 출시되고 있다. 특히 과거와 달리 동물을 집 안에서 기르는 풍조가 많아짐에 따라 반려동물과 함께 사용할 수 있는 가전제품이나 가구들이 시장에서 그 모습을 드러냈다. 퍼시스 그룹의 생활 가구 전문 브랜드 일룸은 반려동물과 함께 사용할 수 있는 가구들을 선보였고, 2021년 매출이 2020년에 비해 33% 증가하는 모습을 보여주었다.

일룸은 반려동물의 이동용 계단을 출시하여 많은 반려동물 물가의 반응을 끌어냈고, 책장 겸 캣타워를 제작해 가정에서 수납과 고양이의 활동 공간을 동시에 효율적으로 사용할 수 있는 가구를 선보여 코로나19 이전에 비해 매출액이 2배 이상 뛰었다고 밝혔다. 일룸은 이외에도 반려동물 소파와 해먹 등을 만들어 사람과 동물이 함께 이용하고 쉴 수 있는 가구들을 지속해 출시하여 가정에서 동물과 공존할 수 있는 가구들이 갖춰질 수 있는 생활 환경을 이끄는 선두 기업으로 앞장서고 있다.

LG전자에서는 트롬 세탁 건조 가전에 펫케어 코스 기능을 탑재하여 옷에 묻은 반려동물의 배변이나 냄새 등을 효과적으로 제거할 수 있는 기능을 출시했다. 삼성전자에서는 비스포크 제트봇 AI라는 로봇 청소기에 반려동물 행동 실시간 모니터링 기능을 추가하여 반려동물의 보호자가 외출했을 시에도 실시간으로 반려동물의 상태를 확인할 수 있는 시스템을 선보였다.

애경산업이 2016년 출시한 프리미엄 펫 케어 브랜드 '휘슬'은 반려동물의 피부가 사람과 달리 연약하다는 점을 상기하여 이에 따른 강아지 전용 샴푸, 강아지 전용 미스트, 고양이 약용 샴푸 등을 출시해 소비자들의 주목을 받은 바 있다. 2019년에는 전년 대비 119.1%의 성장을 보여준 휘슬은 코로나19 발생 이후 2020년 176% 더 성장하였다.

특히 바이러스로 인한 위생 관념이 강해지면서 반려동물의 위생과 청결 중요성도 덩달아 커지며 반려동물 샴푸, 미스트를 찾는 소비자가 크게 증가, 반려동물 전용 샴푸 및 미스트 매출은 약 134% 늘어나고 위생용품인 배변 패드와 고양이용 블랙샌드는 각각 188%, 86%씩 증가하는 모습을 보였다.

편의점 브랜드 CU는 2020년 매출 분석 결과, 반려동물 용품 관련 매출이 코로나19 발생 이전보다 42.1% 높아졌다고 밝혔다. 그중 반려동물의 장난감의 매출이 51.4% 증가하고, 사료는 38.2%, 간식은 40.2%의 성장을 보여주었다고 전했다.

이러한 성장은 온라인 시장에서도 마찬가지여서 이베이코리아에서도 코로나19 이후 반려동물 용품 판매량은 203%가 증가했으며, 강아지 용품은 221%, 고양이 용품은 202%가 늘었다. G마켓의 고양이 계절 매트는 1,630%가 오르는 급상승을 보여주기도 했다.

일동제약에서는 반려동물을 위한 장 건강 유산균을 출시했고, 보령제약은 고양이 배변 장애나 관절 질환 예방 영양제를 선보이기도 했다. 이처럼 다양한 분야에서 반려동물 관련 상품들이 지속적으로 출시되는 가운데 반려동물 관련 사업은 미래의 거대 창업 아이템으로 주목받기 시작했다.

강원도 춘천시는 반려동물 산업 육성 체계를 구축하기 위해 2022년부터 춘천시가 후원을 하고 강원대학교가 운영하는 반려동물 산업 창업/영업 지원 사업을 진행하고 있다. 반려동물 관련 창업을 하거나 운영 중인 기업을 대상으로 교육과 컨설팅 및 영업 지원을 제공하는 이 사업은 반려동물 관련 창업 아이디어를 가진 춘천시 소속 창업 희망자를 대상으로 인원을 모집하고 있다.

대구광역시 북구에서는 2023년 2월에 도시재생 활성화 지역으로 선정된 관음동 일대를 반려동물 친화 마을로 조성하기로 계획했다. 이에 따라 반려동물 공간 '하모니 센터'를 건립할 예정이며, 반려동물 창업 공간 지원을 추진하고 있다고 밝혔다.

경기도는 경기도경제과학진흥원을 통해서 이러한 반려동물 산업에 뛰어들 준비가 된 예비 창업자들에 창업 지원금을 전달하는 사업을 시작했다. 사업에 필요한 재료비, 외주 용역비, 광고비, 창업 교육, 사업 공간 등을 제공하는 내용을 담고 있으며, 기업당 최대 3,000만 원을 지원한다. 2017년부터 진행된 이 지원사업은 현재까지 114명의 창업자를 지원했다.

이런 지원 사업을 통해 회사의 규모가 커진 '태원아이엔티'는 고양이의 취향을 찾아준다는 독특한 콘셉트의 창업 아이템을 선보였다. 바로 고양이의 입맛에 맞는 사료를 찾아주는 것이다. 고양이는 강아지와 달리 입맛이 까다로워 아무 사료나 잘 먹지 않는다고 한다.

그래서 그런 고양이들의 특징을 살려 고양이의 종, 특성, 나이, 몸무게, 중성화 여부 등과 같은 정보를 넣었을 때, 해당 고양이에게 가장 적합한 사료를 추천해 주는 알고리즘을 개발하여 소비자에게 보인 것이다. 태원아이엔티에서 개발한 이 알고리즘 프로그램은 '미유파우'로 이름 붙였으며 2019년 11월에 개발이 시작되었다.

개발의 과정은 다음과 같았는데, 예를 들어 페르시아고양이라는 고양이 종을 가지고 정보를 수집한다고 했을 때, 페르시아고양이 암컷들에게 여러 가지를 먹여보고, 긍정적인지 부정적인지 반응을 본다. 고양이들의 행동을 통해 판단한 후에 그걸 수치화하여 방대한 양의 데이터를 쌓아두었다가, 비슷한 조건의 고양이가 나타났을 때 적절한 사료를 추천해 주는 방식으로 개발을 진행하였다.

그리하여 2020년에는 기술보증기금에서 1억을 보증받아 자금을 확보했다. 이어 대표는 청년창업사관학교에서 창업자 과정을 수료한 후, 2020년 11월에 맞춤형 사료 추천 기능을 개발하여 2021년 4월에 정식 오픈하게 되었다. 이후 두 달 만에 홈페이지 회원 수가 800명으로 늘어났고, 신용보증기금에서 8억 원을 유치하게 된 이후 현재는 3,000여 명이 넘는 회원 수를 달성하여 지속적인 매출액을 발생시키고 있다.

위에 설명한 것처럼 반려동물 산업이 갈수록 커지고 있기 때문에 그에 따른 창업 지원 제도도 증가하고 있다. 앞서 말한 지역에 살고 있지 않다고 해도 창업 지원 자체를 못 받는 것은 아니다. 기술보증기금이나 신용보증기금을 통해 사업 자금을 보증받아 창업을 진행할 수도 있다. '태원아이엔티'처럼 반려동물 관련 기술 창업을 진행하고자 한다면 기술보증기금의 도움을 받을 수 있다. 그 외 다른 분야의 반려동물 관련 산업 창업을 원한다면 신용보증기금의 문을 두드리면 된다. 그러니 해당 지역에 살지 않는다 해서 좌절은 금물이다.

그리고 이미 정부와 여러 지자체에서 반려동물 산업의 미래 발전 가능성을 보고 지속적인 지원과 사업들을 계획하고 진행하고 있고, 본인이 사는 지역에서도 창업 지원 프로그램은 언제 개설될지 모를 일이니, 성급하게 생각하지는 말자.

반려동물 산업의 가장 중점적인 포인트는 동물이 사람과 동일하게 여겨지고 사람의 가족으로 여겨지는 생각의 전환이다. 이에 따라 반려동물이 사람과 동일한 생활을 누리게 되고, 사람이 사용하는 제품이나 공간을 함께 사용함에 따라 사람들이 영위하던 것들이 반려동물 전용으로 재탄생하고 있다.

그래서 반려동물의 죽음도 장례를 치르고 사람의 죽음에 준하는 대우를 받고 있다. 먹는 것, 입는 것 모든 것이 사람과 거의 동일시되고 있는게 지금의 반려동물들 모습이다. 대기업들조차 이런 흐름에 따라 반려동물 산업에 적극적으로 뛰어들고 있는 것을 보면 그만큼 반려동물 산업이 앞으로 미래 시장에 신흥 강자로 떠오르게 될 거라 짐작해 볼 만하다.

그뿐만 아니라 정부와 지자체 역시 반려동물 산업에 열을 올리고 있다. 안동시는 반려동물 친화 도시 조성에 나섰고, 민간 기업인 '더나은미래', '흥원종합건설'과 함께 반려동물 테마파크 조성을 위한 업무협약을 체결하고, 반려동물 산업 육성, 지역 경제 활성화를 진행하기로 계획하고 있다. 35,000제곱미터의 부지에 500억 원의 예산을 투자하는 반려동물 테마파크에는 반려동물 놀이터, 수영장, 산책로, 반려동물 동반 실버타운, 푸드관 등이 들어설 예정이라고 한다.

만약 본인이 반려동물에 큰 관심이 있고, 지금도 반려동물과 함께하고, 창업에 관심이 있다면 반려동물과 함께하는 사업을 선택하는 것은 어떨까?

하지만 반려동물 시장이 커져도 이 사업에 있어 가장 기본적인 것은

동물에 대한 사랑과 관심이다. 진정 동물에 대한 애정이 담긴 마음이 있어야 진짜 반려동물 사업가가 될 수 있다. 만약 반려동물에 관한 진심 어린 사랑이 담긴 창업 아이템이 있고, 당신이 반려동물과 함께 경제 활동을 하고자 하는 뜻이 있다면 반려동물 산업을 이끄는 기업인이 되는 것도 어떨지 연구해 보길 권한다.

10장 | 수익 내는 출판사업,
정부 지원으로 시작할 수 있다

책은 마음의 양식이라는 말이 있다. 책을 읽음으로써 마음을 살찌우고 건강하게 만든다는 의미다. 사람의 마음을 건강하게 만드는 책을 만드는 일을 한다면, 그것은 사람들의 마음에 건강한 양식을 제공하는 일이 아니겠는가?

이러한 책을 만드는 일을 자신의 직업으로 삼아보겠다고 생각한 독자라면, 책을 만드는 일이 낭만적이게 느껴지리라 본다. 하지만 책이 사람들 마음의 자산이 되는 만큼, 사업적으로도 우리에게 자산을 가져다줄 수 있을까?

출판 시장이 어렵다는 말은 최근 심심치 않게 들려온다. 과거에 비해 독서하는 인구는 점점 줄고, 대부분 유튜브를 비롯한 SNS 미디어에 많은 시간을 할애하고 있는 추세다. 거기다 도서정가제가 시행되면서 예전에 비해 비싸진 책값으로 인해 독자들의 지갑이 예전보다 쉽게 열리지 않는다. 이로 인해 중소 출판사들이 매출에 타격을 입었고, 작가들 역시

인세가 줄어드니 출판업은 사실상 죽은 사업과도 같아 보인다. 하지만 과연 그럴까?

도서정가제로 인해 과거에 비해 작가가 자신의 책을 저렴하게 팔아 수익을 내기가 어려워져 금전적 이익을 보기는 어려워진 것은 사실이지만, 해마다 새로운 책은 계속해서 출간되고 있다. 그 이유는 무엇일까?

첫째로, 작가로서 책 판매 수익은 감소했음에도 작가가 될 수 있는 문턱은 낮아진 탓이 크다. 예전에는 작가 개인이 책을 출간하기가 까다로웠다. 원고를 써서 그것을 컴퓨터 파일로 옮기고, 편집하고, 인쇄소에 원고를 맡겨 책을 뽑아내야 하는 등 절차가 복잡했기 때문에 대부분 이 일을 출판사가 도맡아 진행했다. 그래서 출판사들은 작가의 책을 제작하는 동시에 판매율을 높이기 위해 홍보와 영업을 지속적으로 진행했다. 그러나 이제는 시대가 달라졌다.

인터넷의 보급으로 작가가 직접 책을 인쇄할 수 있는 경로를 쉽게 찾을 수 있고, 이를 대행해주는 업체도 생겨났으며, 굳이 인쇄비가 많이 드는 종이책을 출간하지 않고, 간단한 문서 파일로 된 전자책을 낼 수 있는 시스템이 만들어져 있다. 그러니 누구라도 마음만 먹으면 출판 진행을 하여 작가가 될 수 있다. 게다가 작가가 개인 출판사처럼 자신의 책을 관리할 수 있는 출판 플랫폼까지 생겨 있으니, 굳이 공들여 원고를 제작해 여러 출판사들에게 출간 제의를 할 수고가 줄어들었다.

출판사들 역시 수익이 보장되지 않는 무명 작가의 원고보다는 수익이 보장되는 작가의 원고를 우선 순위로 검토하는 경향이 잦아졌다. 게다가 예전에는 가독성 좋은 글을 쓰는 작가의 원고를 출판사에서 선택했지만, 이제는 출판사가 원고의 내용보다 어느 정도 영향력이 있는 사람이 작가가 될 수 있는지 찾아다니면서 출간 제의를 하는 추세다. 그러니까 글 잘 쓰는 작가보다 SNS나 유튜브 등 사회에서 사람들의 이목을 끌어 책 판매가 보장되는 팬덤층을 확보한 이를 작가로 잡으려는 것이다.

둘째로, 자신의 전문성을 확보하려는 사람들의 움직임이다. 최근 출판에 관심 있는 사람들 사이에서 떠도는 말이 하나 있다. "유명해져서 책을 쓰지 말고, 책 써서 유명해져라." 유명한 사람이 되어서 책을 쓰는 게 아니라 책을 써서 유명해지라는 역발상의 말이다. 앞에 얘기했던 출판사에서 유명인을 작가로 섭외하려는 것과는 반대되는 내용이다. 이 말의 뜻은 책을 집필하여 자신의 전문성을 올려 몸값을 올리라는 의미로 풀이된다.

과거와 달리 개인이 큰 금액을 들이지 않고 출판 플랫폼을 이용해 전자책을 출간하거나, POD(Publish On Demand : 종이책을 미리 인쇄하는 것이 아닌, 주문이 들어오면 인쇄하여 판매하는 방식) 형식으로 종이책을 출간하기 쉬워졌기 때문에 누구든 마음만 먹으면 쉽게 책을 낼 수 있기에, 책 한 권을 냈다는 것만으로도 그 사람의 전문성이 높아 보이는 효과를 얻을 수 있기 때문이다.

이러한 방식은 강연을 하는 직종에서 많이 나타나는데, 본인의 이야기를 책으로 출간한 후, 출간 이력을 통해 강연비를 올리고 대중들에게 신뢰감을 주면서 책의 판매도 올릴 수 있는 효과를 줄 수 있기 때문이다.

그렇다면 이 글을 읽는 사람들 모두 책을 써서 수익을 최대화할 수 있을까? 안타깝지만 그건 어려울 수 있다. 모든 사람이 강연가들처럼 전문적인 지식을 지닌 게 아니고, 아무렇게나 글을 써서 전자책이나 POD 종이책을 낸다 해서 책이 독자들에게 호응을 얻기는 어렵기 때문이다.

책이 아무리 마음의 양식이라고 해도, 어쨌든 책을 만드는 일은 사업이다. 수익이 있어야 사업을 유지할 수 있고, 사업자의 생계를 유지할 수 있다. 따라서 출판을 했을 때 무조건 수익이 발생하지 않으면, 그 출판사는 오래 유지하기 힘들 것이다.

그리고 최근 책을 펴낸 이들은 대부분 자신의 팬덤층을 확보한 강사, 유튜버와 같은 사람들이 다수다. 그렇다면 순수하게 책을 쓰고 싶은 사람이거나, 책을 펴내는 출판업을 하고 싶은 사람은 시장에서 경쟁력을 갖기 어렵다는 의미가 되기도 한다. 과거에 비해 매체가 많아지면서 홍보를 하여야 할 채널망은 넓어졌는데, 정작 책을 읽는 독자들의 수는 줄어들고, 거기다 팔리는 책은 특정 대상들의 책만 팔린다면 도무지 책을 만들 엄두가 나지 않는 것 아닌가?

물론 이런 말은 있다. 신생 출판사가 책 하나를 성공시키려면 돈을 쏟아부어야 한다고 말이다. 광고비, 물류비, 인쇄비 등에 엄청난 투자를 해서 유명해져야 한다는 얘기다. 하지만 책에 대한 열정만 있을 뿐, 자금은 준비되지 않은 예비 출판사 사장이나 작가들도 분명 존재한다. 그런 사람들에게 출판은 정녕 희망이 없는 사업일까?

지난해, 국회 문화체육관광위 소속의 임오경 의원(광명 갑)은 출판산업 실태 조사를 분석하여 2020년 출판사들의 매출액은 3조 8,728억 원으로 전년 대비 2.6% 감소했으며, 종사자 수도 2015년 2만 8,483명에서 2020년 2만 6,622명으로 연평균 1.3%씩 감소하고 있다고 발표했다.

이와 같은 출판 시장의 침체에도 불구하고, 출판사들이 정부 부처로부터 출판 활동 지원을 받은 경험이 있는지 여부 조사에는 단 5.2%의 출판사만이 경험이 있다고 응답해, 무려 95% 가량의 출판사들이 출판 활동의 지원 혜택을 전혀 받고 있지 않다는 게 드러났다. 그렇다면 이 결과가 보여주는 건 현 출판사들의 어려운 과제인 자금 조달을 정부 지원금을 통해 어느 정도 해결이 가능할 수도 있다는 걸 뜻한다.

실제로 올해 3월, 문화체육관광부는 출판 콘텐츠 기술개발 지원 사업을 실시했다. 일반적인 종이책 출판에서부터 전자책, POD 등 출판 산업에서 요구하는 기술개발을 지원해주는 사업이다. 11억 원 정도의 예산으로 구성된 이 사업은 출판 관련 기술, 유통사 플랫폼과 같은 출판 사업에 필요한 기술력을 개발하는 데 필요한 자금을 최대 2억 원까지 지원을 한다.

그러나 이 지원 제도는 출판에 관련한 다양한 기술력, 예를 들면 증강현실이나 인공지능을 이용한 콘텐츠 제작까지 포함하고 있어 경쟁률이 높다. 그래서 높은 경쟁률이 있는 사업 외 비교적 일반 출판사들이 지원 제도를 이용하기 쉬운 지원 사업은 한국출판문화산업진흥원의 문을 두드리면 된다.

한국출판문화산업진흥원은 문화체육관광부 산하의 기관으로 출판사는 물론, 개인 작가에게도 도서 제작 지원금을 제공하는 사업을 진행하고 있다. 특히 우수출판콘텐츠 제작 지원 사업은 총 140편의 콘텐츠를 선정하여, 편당 900만 원의 제작비를 지원한다. 매년 진행되는 사업인 만큼, 본인의 원고에 충분한 자신은 있으나 제작비가 부족한 출판사업자나 작가라면 지원해 볼 가치가 있다.

또, 출판사를 갓 시작했거나 아직 성장 동력이 필요한 소규모 출판사라면 중소출판사 출판콘텐츠 창작 지원 사업을 노려볼 만하다. 120편의 작품을 선정하여 편당 500만 원의 지원금을 주는 이 사업 역시 매년 진행되고 있기 때문에 우수한 작품을 널리 알리고, 양질의 작품으로 성장시키려는 목표가 있는 출판사업자라면 준비해보길 권한다.

만약 종이책 제작이 부담스럽다면 전자책 제작 지원을 받아보는 것으로 시작하는 것도 추천한다. 종이책은 말 그대로 종이를 인쇄하여 제본을 찍어 내야 하기 때문에 부가적으로 드는 비용이 필수적이지만, 전자책은 컴퓨터와 프로그램만 가지고도 제작이 가능하고, 유통도 쉽다.

따라서 시간을 사용하는 기회비용 정도만 있으면 되는데, 이런 전자책 제작 지원 사업도 진흥원의 사업에 포함되기 때문에 전자책으로 먼저 지원을 받은 뒤, 성과가 좋다면 종이책 제작을 시도해보는 게 안정적인 수익 창출의 길이 될 수 있지 않을까 싶다. 따라서 예비 출판사업자가 과도한 사업 자금을 투자하지 않고, 지원 사업을 통해 100% 흑자 상태의 출판사를 차리는 과정은 위에 설명한 루트를 밟는 것이 가장 안정적이리라 여겨진다.

그러나 아무리 정부에서 지원해주는 출판 지원금을 받았다고 해도, 지속적인 사업 활성화를 하지 못하면 창업이 무의미해질 수 있으니, 출판사 경영에 필요한 배경 지식도 숙지하는 게 좋다고 사료된다.

이 역시 한국출판문화산업진흥원의 출판 아카데미 교실에서 교육을 받을 수 있다. 출판 마케팅, 편집 디자인 등 출판사업을 진행하는 데 필요한 전반적인 지식을 가르쳐주고 컨설팅까지 제공한다. 이는 출판사를 차린 사업자라면 무료로 진행되는 과정이니, 당연히 교육 관련해서 지출이 없기에 비용 걱정을 할 필요가 없다.

이처럼 정부에서 진행하는 출판 관련 지원 사업 제도를 잘 활용하면, 뛰어난 출판 콘텐츠를 제작하여, 안정된 출판 사업을 영위할 수 있을 것으로 생각된다.

BUSINESS
START

2부

정책자금 A to Z

1장 | 정책자금 이해하기

정책자금이란?

정책자금은 정부 부처나 정부 산하기관의 공공기금을 활용하여 창업 예비인, 소상공인, 중소기업 등을 지원하기 위해 다양한 방식으로 자금을 제공합니다. 이러한 정책자금은 시중 은행보다 저렴한 금리로 자금을 지원하여 기업 발전에 도움이 됩니다.

정책자금은 출연금, 보조금, 융자금의 세 가지 형태로 구분됩니다. 출연금은 정부가 무이자, 무담보, 무상환의 조건으로 출연한 기금입니다. 보조금은 국고에서 지원하는 다양한 사업을 의미하며, 융자금은 신용보증기금이나 기술보증기금 등에서 보증서를 통해 저리로 융자를 받을 수 있는 형태입니다.

정책자금은 기업의 운영 자금을 지원하기 위해 시중 금융권보다 더 큰 한도를 제공합니다. 또한 일반적으로 5~10년과 같은 긴 상환 기간을 제공하여 자금 상환에 대한 부담을 경감시킵니다. 하지만 정책자금의 다양한 종류와 약 400가지 이상의 기관들로 인해 처음 받아보는 기업 대표들에게는 판단하기 어려울 수 있습니다.

정책자금을 활용하기 위해서는 기업이나 개인에게 적합한 종류의 정책자금을 찾아야 합니다. 이를 위해 전문가의 도움을 받는 것이 현명한 방법입니다. 또한 각 기관마다 요구하는 서류와 전략에 대한 이해도 필요합니다. 정책자금에 대한 선입견을 가진 기업 대표나 개인들도 많지만, 충분한 준비와 이해를 통해 선택할 수 있습니다. 정책자금은 많은 혜택과 이익을 제공하며, 전략과 과정을 알면 거의 모든 아이템으로 지원할 수 있고 선정 대상이 됩니다.

정책자금을 받기 위한 요건

정책자금을 받기 위해서는 사업자등록이 필수적입니다. 기업이나 개인 등에 대한 구분은 없지만, 기업으로 등록하여 정책자금을 받는 것이 유리할 수 있습니다. 예를 들어, 소프트웨어 개발 기업으로 등록하는 것이 정책자금을 받는 데 도움이 될 수 있습니다.

또한, 기업의 재무제표가 정책자금을 받는 데 중요한 역할을 합니다. 특히, 부채비율과 유동비율을 관리하는 것이 필요합니다. 부채비율은 자산총계에서 부채의 비율로, 전문가들은 일반적으로 200% 이하로 관리하는 것을 권고하고 있습니다. 또한, 업종별로 비율 제한이 있으므로 세무사의 관리가 필요합니다. 유동비율은 총 자산에서 유동자산이 차지하는 비율로, 현금의 순환을 나타내는 지표입니다. 유동비율이 높을수록 정부

기관에서 높은 평가를 받을 수 있습니다.

　무상으로 지원되는 출연금을 받기를 희망하는 기업은 반드시 기업부설연구소가 설립되어 있어야 합니다. 출연금은 연구 명목으로 개발을 준비하거나 개발된 상품에 대해 지원하는 자금입니다. 따라서 연구소의 설립은 필수적입니다.

　지식재산권의 중요성이 커지고 있는 시대에는 특허 등록이 기업의 가치를 높일 수 있습니다. 지식재산권을 담보로 하는 정책자금도 존재하며, 특허가 많을수록 정부지원사업에 유리한 요소가 될 수 있습니다.

　기업의 기술평가 지표인 벤처기업 확인과 이노비즈 인증 등은 정부 지원제도 활용 시 가산점을 받을 수 있는 요소입니다. 이러한 인증을 받기 위해서는 시간과 비용이 들어가며, 기업의 사업성과 매출, 고용, 기술적 요소들을 평가합니다. 이러한 인증은 정부 기관 담당자에게 높은 평가를 받을 수 있는 요소입니다.

　정책자금을 받기 위해 준비할 요소에 대해 더 자세히 알아보았습니다. 재무제표는 1년 차 미만의 창업 기업에서는 아직 나오지 않을 수 있지만, 미리 관리하여 좋은 지표로 유지할 수 있도록 해야 합니다.

　기존 기업들은 재무제표에 여러 가지 지표 중 부채비율과 유동비율을 관리할 필요가 있습니다. 부채비율은 부채자본비율로 불리며, 부채총액을 자기자본으로 나눈 비율입니다. 부채는 기업의 건전성을 나타내는 지표로 사용됩니다. 부채액은 자기자본액 이하인 것이 바람직하며, 부채비율은 1 또는 100% 이하가 이상적입니다.

유동비율은 유동자산의 유동부채에 대한 비율로, (유동자산÷유동부채)의 계산식으로 산출됩니다. 유동비율은 기업의 지급능력을 판단하기 위해 사용되는 지표입니다. 이 비율이 클수록 기업의 재무유동성이 크다는 의미입니다. 유동비율은 200% 이상으로 유지하는 것이 이상적입니다.

또한, 기업의 매출이 높으면 정책자금 조달에 유리합니다. 대출 시에는 최근 1년 매출에서 일정 비율을 차감한 값이 일반적인 기업 융자금의 최대액으로 판단되기 때문입니다.

대표자의 개인 신용도는 매우 중요합니다. 기업이 대출을 받거나 정책자금을 지원받기 위해서는 대표자의 신용 점수가 고려되는 경우가 많습니다. 기존의 신용등급제도에서는 10등급으로 나뉘어지며, 일반적으로 1~6등급에 해당하는 사람들에게만 대출이 허용되었습니다.

그러나 최근에는 신용등급이 점수제로 전환되어, 대출 점수가 660점 이상이라면 해당 등급이 7등급이더라도 대출이 가능해지는 경우도 있습니다. 이로 인해 기존 신용등급제보다 더 많은 사람들에게 대출이 허용되고 있습니다.

대표자의 신용 점수를 확인할 수 있는 기관으로는 NICE평가정보가 운영하는 마이크레딧과 KCB네트워크가 운영하는 올크레딧이 있습니다. 그러나 이 두 기관에서 등급을 나누는 점수 기준이 다르기 때문에, 위의 표를 참고하여 자신의 신용 점수가 어느 등급에 해당하고, 어떤 점수를 받으면 대출이 가능한지 확인해야 합니다.

또한, 대표자 개인의 신용 점수 관리는 매우 중요합니다. 신용 점수 관리를 제대로 하지 못하면 기업 현황과 상관없이 정책자금을 받는 데 제약이 생길 수 있습니다.

높은 신용 점수를 유지하는 것 외에도, 일부 상황에서 정책자금 대상에서 제외되는 경우도 있습니다. 첫째, 국세와 지방세 체납 중인 경우 정책자금 지원이 제외됩니다. 정부 예산으로 조성된 정책 자금을 지원받는 데에는 그 원천이 되는 세금을 체납한 기업에게는 지원이 불가능합니다. 이때, 대상이 법인 기업이라면 대표자 개인의 세금 체납 여부도 확인됩니다. 최근에는 4대 보험료 연체도 정책 기관에서 지원 대상에서 제외하고 있는 경우가 많습니다.

둘째, 채무를 상환하지 않고 연체 상태인 기업도 정책자금 대상에서 제외됩니다. 금융 기관이나 거래처와의 채권·채무 관계에서 갚아야 할 채무를 상환하지 않고 연체 중인 경우에도 지원 대상에서 제외됩니다. 다만, 채무 연체에 대해 상호 간 분쟁으로 소송 진행 중이거나 반론의 여지가 있는 경우에는 고려될 수 있습니다.

셋째, 채무초과 상태인 경우도 제외됩니다. 채무초과란 갚아야 할 차입금이나 채무 등이 기업이 감당할 수 없는 수준으로 과다한 상태를 의미합니다. 정책자금은 대부분 융자 등 대출을 통해 지원되는 경우가 많기 때문에, 채무초과 상태인 기업에게 자금을 지원하더라도 정상적인 상환이 예측되지 않기 때문입니다.

따라서, 창업을 준비하고 창업 3년 이내인 대표자들은 반드시 창업 지원사업 등의 정부 지원사업을 준비하여 자금을 받아야 합니다. 정책자금은 정부 산하기관의 공공기금을 활용하여 창업 예비자, 소상공인, 중소기업 등에게 다양한 방식으로 시중은행보다 저렴한 금리로 자금을 지원하는 것입니다. 따라서 기업을 운용하는 대표자는 이러한 자금과 다양한 정부 지원제도를 제대로 이해하여 기업 경영에 활용해야 합니다.

정책자금의 가치

기업을 운영하는 사업가는 출연금과 융자금을 명확하게 구분할 수 있어야 합니다.

출연금은 무상 지원금으로 제공되지만, 10~20% 이상의 민간 부담금이 요구되기 때문에 기업의 상황에 맞게 출연금을 신청해야 합니다. 출연금은 정부나 공공기관 등에서 기업의 발전을 지원하기 위해 제공되며, 기업의 성장을 돕고 지속가능한 경영에 도움을 줄 수 있습니다.

융자금은 저리의 융자로 제공되지만, 정해진 대출 기간 내에 상환해야 하기 때문에 자금 사용 계획이 명확해야 합니다. 기업이 대출로 인해 재정 상황이 악화되는 것을 방지하기 위해 융자금 신청 시 기업의 재정적 상황을 신중히 고려해야 합니다.

또한, 기업은 출연금과 융자금 외에도 기업부설 연구소, 벤처기업 인증, 이노비즈 인증 등과 같은 다양한 바우처 사업에 대한 이해를 갖고 있어야 합니다. 이러한 프로그램들은 데이터, AI, 수출 등의 영역에서 기업의 성장을 지원하고 발전할 수 있는 기반을 마련해 줄 수 있습니다. 이를 통해 기업은 지속적인 발전과 도약을 이룰 수 있습니다.

기업 경영에는 정부 및 기관의 지원을 활용하는 것이 중요하며, 출연금, 융자금, 바우처 사업 등을 효과적으로 활용하여 기업의 성장과 지속 가능한 경영을 위한 계기를 마련하는 것이 필요합니다.

2장 | 정책자금 활용하기

　정책자금은 정부 부처와 정부 산하기관의 공공기금을 활용하여 창업 예비자, 소상공인, 중소기업 등에게 시중은행보다 저렴한 금리로 자금을 지원하는 형태입니다. 따라서 고금리 시대에는 반드시 정책자금을 활용하여 자금을 조달하는 것이 중요합니다.

　출연금은 무상환, 무이자, 무담보로 제공되는 자금으로, 기술력이 있는 기업이나 아이디어를 가진 기업은 반드시 지원을 받아 자금을 확보해야 합니다. 또한 창업기업은 초기 창업 패키지를 포함한 다양한 창업지원사업을 통해 많은 기업이 지원금을 받고 있습니다.

– 원/달러 환율의 영향
　고환율은 수입 물가를 올리고 물가 상승 압력을 높일 수 있습니다. 이에 따라 국내 금리를 인상해야 할 필요성이 증가합니다. 원화 약세는 수출 가격 경쟁력을 향상시키는 요인이지만, 원자재 수입비용 상승과 전세계 교역의 감소로 인해 고환율이 수출에 큰 도움이 되지 않는 상황이 될 수 있습니다.

– 3고 시대의 악순환

'고환율, 고물가, 고금리'라고 불리는 악순환 현상이 심화하고 있습니다. 특히 중소기업은 대출 부담에 더해 글로벌 원자재 가격 상승과 인건비 상승 등 다중 고통을 겪고 있습니다. 이에 더해 금리 상승으로 인해 소비 침체의 우려도 나타나며, 기업 운영에 어려움이 가중될 수 있습니다.

정책자금 제대로 활용하자

정책자금 종류 중 첫 번째로는 대출로 일반적으로 알려진 융자금이 있습니다. 융자금은 중진공, 소진공 등 직접 대출기관뿐만 아니라 신보, 기보 등의 보증기관에 의해 제공되며, 이자율이 2~4% 내외인 저리 대출금을 지칭합니다.

자금이 풍부한 기업이든 자금이 부족한 기업이든, 저리 대출금은 매우 매력적인 선택지가 될 수밖에 없습니다. 융자금은 대출 기간을 포함하여 5년 동안 대출 가능하며, 기업의 성장에 따라 대출 연장이 가능하고, 금리 변동성이 낮으며 지자체에서 이자 보전을 해주거나 메인비즈나 이노비즈 등의 인증을 통해 이자 인하를 요청할 수도 있습니다.

두 번째로는 R&D 기술개발과제와 창업지원사업 등이 포함된 출연금입니다. 출연금은 공공기관에서 기업의 성장과 창업 지원을 위해 무이자, 무담보, 무상환의 공적 자금으로 지원됩니다.

기술이나 사업 아이템은 있는데 자금이 부족한 기업에게 출연금은 가뭄의 단비와 같은 역할을 합니다. 출연금은 기술개발에 필요한 연구원의 인건비를 비롯해 연구에 필요한 장비와 도구에도 지원되기 때문에 초기 기업으로서는 반드시 참여하여 자금을 받아야 하는 중요한 자금입니다.

정책자금 종류 중 세 번째로는 조건을 충족하면 선지급되는 보조금이 있습니다. 보조금은 국가나 지방공공단체가 행정상의 목적을 달성하기 위해 공공단체, 경제단체, 개인에게 지급하는 자금을 의미합니다. 보조금의 종류는 다양하며 혜택을 받는 대상에 따라 주관기관과 자금 금액도 다르므로 보조금24 사이트를 통해 자신에게 맞는 보조금을 찾아 신청해야 합니다.

마지막으로 정책자금이라기보다는 정부지원제도라고 명명하고 싶습니다. 다양한 정부지원제도 중에는 각종 확인 및 인증 사업도 있습니다. 기업부설연구소는 기업이 새로운 제품이나 서비스의 연구를 위해 요건에 맞는 연구원을 채용하고 신고를 통해 연구소를 설립할 수 있도록 지원합니다.

또한 벤처기업 확인은 3년 미만의 기술력을 보유한 기업이 투자, 연구개발, 혁신성장형에 맞는 형태를 선택하고 사업계획서를 통해 확인을 받습니다. 메인비즈나 이노비즈 인증은 3년 이상 기업이 경영 우선 위주인지, 기술 위주인지에 따라 받는 인증입니다.

3장 | 정책자금 종류와 융자금

융자금과 그 종류

정책자금과 정부지원제도를 올바르게 활용하기 위해서는 각 자금의 종류와 특성에 대한 이해가 필요합니다. 다음으로 각 자금의 종류와 해당 기관, 대상 및 절차에 대해 알아보도록 하겠습니다.

첫째, 융자금은 저리 대출을 의미합니다. 융자금을 성공적으로 받기 위해서는 매출이 지속적으로 성장해야 합니다. 또한 대표자와 기업의 신용도가 좋아야 하며, 국세 및 지방세 체납이 없어야 합니다. 재무제표상의 문제가 없어야 하며, 정규직으로 4대 보험을 받고 고용지표가 지속적으로 증가해야 합니다.

둘째, 직접대출기관과 대리대출기관의 개념을 이해해야 합니다. 직접대출기관은 정부기관에서 기업에 직접 자금을 대출하는 곳을 의미합니다. 이에는 중진공과 소진공이 포함됩니다. 하지만 중진공과 소진공의 자금은 대리대출을 통해도 받을 수 있지만, 이 개념을 이해하기 위해 직접대출기관으로 명명합니다.

이해가 필요한 것은 융자금의 경우 직접대출기관인 중진공과 소진공을 통해 자금을 받을 수 있을 뿐만 아니라 대리대출을 통해서도 자금을 받을 수 있다는 점입니다.

소상공인/중소기업 진흥공단

대리대출기관은 대출을 받기 위해 신보, 기보, 신용보증재단 등의 보증서 발급 기관을 통해 정해진 보증서를 발급받아 은행을 통해 자금을 받는 것을 의미합니다.

대리대출기관을 통해 자금을 받을 경우 보증료가 발생합니다. 일반적으로 보증료는 연간 기준으로 0.4%에서 0.6% 내외로 책정됩니다. 이 보증료는 매년 발생하며, 대출 이자 외에도 보증료를 부담해야 합니다. 따라서 대출을 고려하기 전에 이 보증료 부분을 신중하게 고려해야 합니다.

중소벤처 기업진흥공단

중진공은 중소벤처기업진흥공단의 약자로, 중소기업의 경쟁력 강화와 경영기반 확충을 목적으로 설립된 기금관리형 준정부기관입니다.

중진공의 주요 기능과 역할은 다음과 같습니다.

- 정책자금 융자 : 우수한 중소기업에 대해 정책적 지원이 필요한 장기, 저리 자금을 공급하여 성장을 촉진합니다.

- 글로벌화 및 마케팅 지원 : 중소기업의 해외진출과 수출을 촉진하고, 마케팅 역량을 강화하기 위한 지원을 제공합니다.

- 인력난 해소 및 청년 CEO 육성 : 중소기업의 인력난 문제를 해결하고, 청년 기업가들을 육성하는 프로그램을 운영합니다.

중진공은 기술 및 사업성 평가를 통해 미래 성장 가능성이 높은 기업에 대해 자금을 지원합니다. 정책자금은 자금 용도에 따라 시설자금과 운전자금으로 구분됩니다.

- 시설자금 : 기계장비 구입, 사업장 확보를 위한 토지 구입비와 건축자금, 사업장 매입 자금 등 생산, 정보화, 유통, 물류, 생산환경 개선 등에 필요한 자금입니다.

- 운전자금 : 원부자재 구입, 제품 생산, 시장 개척, 기술개발, 인건비, 임차보증금 등 기업의 경영 활동에 소요되는 자금을 말합니다.

중진공은 중소기업의 성장과 발전을 지원하기 위해 다양한 정책자금과 프로그램을 제공하고 있으며, 중소기업의 경쟁력 향상과 국민 경제의 균형 있는 발전에 기여하고 있습니다.

1. 혁신창업화사업자금

기술력과 사업성은 우수하지만 자금이 부족한 중소·벤처기업의 창업을 활성화하고 고용창출을 도모하기 위해 다양한 자금 지원이 제공됩니다.

창업 기반 지원자금 : 업력 7년 미만 중소기업 또는 중소기업 창업자를 대상으로 하는 자금입니다. 시설자금의 최대 대출 한도는 60억 원이며, 운전자금의 최대 대출 한도는 5억 원입니다. 시설자금의 대출 기간은 10년이며, 거치기간이 담보 대출일 경우 4년, 신용 대출일 경우 3년이 주어집니다. 운전자금은 거치기간을 포함한 5년 이내로 규정되어 있습니다.

청년 전용 창업자금 : 만 39세 이하이며 업력 3년 미만 중소기업 또는 중소기업 창업자를 대상으로 하는 자금입니다. 대출 한도는 1억 원이며, 제조업이나 지역특화 주력 산업일 경우 2억 원까지 대출이 가능합니다. 대출 기간은 창업 기반 지원자금과 동일하며, 운전자금의 경우 3년을 포함한 6년 이내로 규정되어 있습니다.

일자리 창출 촉진자금 : 업력 7년 미만 중소기업 또는 중소기업 창업자가 일자리 창출, 유지, 인재 육성을 한 경우 지원하는 자금입니다. 대출 기간은 창업 기반 지원자금과 동일합니다.

개발 기술 사업화 자금 : 중소기업이 소유하고 있는 기술을 사업화하기 위해 정부 또는 지자체의 연구개발 사업에 참여한 경우 지원하는 자금입니다. 시설자금의 최대 대출 한도는 30억 원 이내이며, 운전자금의 경우 5억 원 이내입니다. 대출 기간은 창업 기반 지원자금과 동일합니다.

앞의 자금들은 중소·벤처기업의 창업과 성장을 지원하기 위해 마련된 것으로, 각각의 자금 종류와 대출 조건을 정확히 파악하여 적절한 자금을 활용할 수 있도록 하는 것이 중요합니다.

2. 신시장 진출 사업

수출 인프라 조성과 글로벌화를 위해 중소기업을 지원하는 자금으로 내수 기업 수출화 자금과 수출 기업화 글로벌 자금이 있습니다.

내수 기업 수출화 자금 : 수출 실적이 10만 불 미만인 중소기업이 받을 수 있는 자금입니다. 이 자금은 수출 초보 기업, 디지털 수출 기업화, 수출 지원 사업 참여기업, 기술 수출 중소기업 등을 대상으로 지원됩니다. 운전자금의 최대 대출 한도는 5억 원 이내이며, 대출 기간은 거치기간 2년을 포함한 5년 이내로 규정되어 있습니다.

수출 기업화 글로벌 자금 : 수출 실적이 10만 불 이상인 중소기업이 받을 수 있는 자금입니다. 수출 유망 기업, 신산업 영위기업, 기술 수출 중소기업 등을 대상으로 지원됩니다. 시설자금의 최대 대출 한도는 20억 원 이내이며, 운전자금의 최대 대출 한도는 10억 원 이내입니다.

이러한 자금은 중소기업의 글로벌 경쟁력을 향상시키고 수출 활동을 지원하기 위해 마련된 것입니다. 중소기업이 보유한 우수 기술과 제품을 세계 시장으로 확장하고 수출을 촉진하기 위해 해당 자금을 활용할 수 있습니다. 자금의 종류와 대출 조건을 정확히 파악하여 중소기업의 글로벌 시장 진출을 지원할 수 있도록 합니다.

3. 신성장 기반 사업 자금

혁신 성장 자금은 사업성과 기술성이 우수한 성장 유망 중소기업의 생산성 향상과 고부가 가치화 등 경쟁력 강화를 위해 필요한 자금을 지원하는 자금입니다.

이 자금은 업력이 7년 이상인 중소기업을 대상으로 지원되며, 한중 FTA 관련 지원업종을 영위하는 중소기업도 포함됩니다. 시설자금의 최대 대출 한도는 60억 원 이내이며, 운전자금의 최대 대출 한도는 5억 원 이내입니다.

혁신 성장 자금은 중소기업의 성장 동력을 창출하고 경쟁력을 강화하기 위해 마련된 자금으로, 기술 혁신과 생산성 향상에 필요한 자금을 지원합니다. 성장 가능성이 높은 중소기업이 혁신과 창조적인 사업 모델을 추진하고 경쟁력을 강화하기 위해 해당 자금을 활용할 수 있습니다.

중소기업이 혁신 성장 자금을 효과적으로 활용하기 위해서는 자금 사용 계획을 세우고 관련 절차와 조건을 준수해야 합니다. 자금의 지원 범위와 한도를 확인하고 신청 절차를 따르는 것이 중요합니다. 이를 통해 중소기업은 자금을 유용하게 활용하여 성장 동력을 창출하고 경쟁력을 향상시킬 수 있습니다.

소상공인 시장진흥공단

소진공은 소상공인의 경영안정과 성장을 지원하기 위해 설립된 기관입니다. 소진공은 직접 대출과 대리 대출로 나누어져 있습니다.

직접 대출은 제조업을 영위하는 소상공인이 경영 안정을 도모하기 위해 필요한 운영자금과 시설자금을 지원하는 소진공 특화 자금입니다. 대출 한도는 최대 5억 원이며, 시설자금은 8년, 운영자금은 5년 이내의 상환 기간을 가집니다.

대리 대출은 소상공인의 안정적 경영환경 조성을 위해 정책자금 융자를 지원하는 사업입니다. 대리 대출은 소상공인 기준의 연평균 매출액과 상시근로자수를 충족해야 합니다. 대출 종류에는 성장기 반자금, 일반경영안정 자금, 특별경영안정 자금 등이 있습니다. 대출 한도는 소상공인 정책자금 총 융자잔액 기준으로 업체당 최대 7천만 원 이내이며, 대출 기간은 거치기간 2년을 포함하여 5년 이내입니다.

이렇게 소진공은 소상공인들의 경영 안정과 성장을 위해 자금 지원을 제공하여 경영환경을 개선하고 성장을 도모할 수 있도록 돕습니다.

기술보증기금

기술보증기금은 담보 능력이 미약한 기업이 보유한 무형의 기술을 평가하여 기술보증서를 발급하여 금융기관 등으로부터 자금을 지원받을 수 있는 제도입니다. 이를 통해 우수한 기술력을 가진 기업이 자금 조달에 어려움을 겪지 않고 건전한 기업 활동을 할 수 있도록 도와줍니다.

기술보증기금은 신기술 사업을 영위하는 중소기업과 중소기업 이외의 기업이 신청할 수 있으며, 총 자산액이 5천억 원 미만인 기업이 해당됩니다. 여기서 말하는 신기술 사업은 제품 및 공정 개발을 위한 연구사업, 연구개발 성과를 기업화 및 제품화하는 사업, 기술 도입 및 도입기술의 개량 사업 등을 말합니다.

업종에는 제한이 없지만, 제조, IT, 연구 및 개발, 기술 서비스업 등이 주로 해당되며, 다른 업종에서도 신기술 사업을 영위하는 경우에는 보증 대상이 됩니다. 중점 지원 대상은 기술력이 뛰어나며 미래 성장 가능성이 높은 핵심기업이나 기술혁신으로 경쟁력을 확보하는 기업이며, 벤처 및 이노비즈 기업, 차세대 동력 산업, 미래성장 유망 산업, 그린에너지 산업, 발전전략 관련 산업, 신 · 재생에너지 관련 산업, 혁신형 지식서비스 산업, 선도 콘텐츠 산업 기술개발사업 수행기업, 기술력 인정기업 등이 해당됩니다. 이러한 기업들이 기술보증기금을 활용하여 기술 혁신과 성장을 이룰 수 있도록 지원합니다.

1. 청년창업기업 우대 프로그램

업력 5년 이내이며 만 17~39세 이하인 기술 창업기업은 창업 및 운영을 위한 운전자금과 사업장의 임차자금 및 시설자금을 지원받을 수 있습니다.

운전자금은 기업의 경영활동을 지원하기 위해 필요한 자금으로 분류됩니다. 사업의 진행에 필요한 원부자재 구입, 제품의 생산, 시장 개척, 기술개발, 인건비 등 기업의 경영 활동에 소요되는 자금을 말합니다.

사업장의 임차자금은 기업이 사업을 운영하기 위해 사업장을 임차하는 데 필요한 자금입니다. 사업장 임대비용을 충당하기 위해 필요한 자금을 지원받을 수 있습니다.

시설자금은 기업이 제품 생산이나 사업 활동을 위해 필요로 하는 시설을 구축하기 위한 자금입니다. 사업을 위해 토지 구입 비용, 건축 자금 등 시설 구축에 필요한 자금을 지원받을 수 있습니다.

기업당 지원한도는 보증금 기준으로 최대 3억 원 이내입니다. 이는 기술 창업기업이 창업 및 운영을 위해 필요로 하는 자금의 한도를 말합니다. 기업의 신용력과 보증 가능성 등을 고려하여 지원 한도가 결정됩니다.

2. IP 보증

IP보증은 지식재산의 가치를 평가한 후 일정한 금액 범위 내에서 보증을 지원해주는 상품입니다. 이는 특허권, 저작권 등 인간의 창조활동으로 만들어진 무형자산, 즉 지식재산에 대한 보증을 의미합니다.

지식재산은 기술, 디자인, 소프트웨어, 브랜드 등의 형대로 존재하며, 이러한 지식재산은 사업 또는 창업 등을 통해 경제적 가치를 실현할 수 있습니다. IP 보증은 이러한 지식재산의 가치를 인정하고 보증해줌으로써 기업이나 개인이 지식재산을 활용하여 자금 조달이나 비즈니스 활동을 더욱 원활하게 할 수 있도록 도와줍니다.

특허권, 저작권 등 지식재산권은 기술의 혁신과 창조적인 활동을 보호하고 장려하기 위해 제도적으로 보호되고 있습니다. 이러한 지식재산권을 보유하고 있는 기업이나 개인은 IP 보증을 통해 자금 지원을 받을 수 있으며, 이를 통해 더 큰 성장과 경쟁력 강화를 이룰 수 있게 됩니다.

3. R&D 보증

R&D 보증은 아이디어 단계부터 사업화에 이르기까지의 전 과정에 걸친 R&D 금융 Matching을 통해 체계적인 R&D 금융을 지원하는 상품입니다.

개발 단계에서는 R&D 개발자금 지원을 받을 수 있는 보증 대상 기업으로 선정됩니다. 이는 개발 중인 과제에 대해 R&D 개발자금의 지원 적합성이 인정되는 기업들을 의미합니다.

사업화 단계에서는 아래 예시 중 하나에 해당하는 과제에 대해 R&D 사업화자금의 지원 적합성이 인정되는 기업들이 대상입니다. 예시로는 다음과 같은 경우를 들 수 있습니다.

- 기술개발 사업화 : 기술개발과제를 통해 새로운 제품이나 서비스를 사업화하려는 기업들이 해당합니다.

- 기술 도입 및 소화 개량 사업화 : 외부에서 개발된 기술을 도입하고, 해당 기술을 소화 및 개량하여 사업화하려는 기업들이 해당합니다.

- 연구개발 성과를 사업화 : 연구개발의 성과를 기반으로 제품이나 서비스를 사업화하려는 기업들이 해당합니다.

　R&D 보증은 이러한 기업들이 R&D 금융을 보장받을 수 있도록 지원하여 기술개발과 사업화를 효과적으로 진행할 수 있도록 돕습니다.

　R&D 보증의 사업화 단계에서의 대상은 다음과 같습니다.

- 개발기간 종료 후 3년 이내의 기업 자체 R&D 과제 : 기업이 진행한 자체적인 연구개발 과제 중, 개발기간이 종료되고 3년 이내에 사업화를 위한 R&D 사업화자금의 지원 적합성이 인정되는 과제입니다.

- 최근 3년 이내 개발 성공 판정을 받은 정부 출연 R&D 과제 : 정부가

출연한 연구개발 과제 중, 최근 3년 이내에 개발 성공으로 판정을 받은 과제입니다. 이러한 과제는 기술적 성공을 거두었으며, 사업화를 위한 R&D 사업화자금의 지원 적합성이 인정됩니다.

– 최근 3년 이내 기술 이전을 받은 공공연기전 R&D 과제 : 공공기관이나 연구기관으로부터 기술 이전을 받은 연구개발 과제 중, 최근 3년 이내에 기술 이전을 받은 과제입니다. 기술 이전을 통해 획득한 기술을 사업화하기 위한 R&D 사업화자금의 지원 적합성이 인정됩니다.

이러한 조건을 충족하는 기업은 R&D 보증을 통해 사업화 단계에서 R&D 금융의 보증을 받을 수 있게 됩니다. 이는 기술개발과 사업화를 지원하여 기업의 성장과 경쟁력 강화를 도모하는 목적을 가지고 있습니다.

R&D 보증은 개발 단계와 사업화 단계에서 다양한 지원 내용을 제공합니다.

– 개발 단계 : 개발 단계에서는 연구개발자금 및 개발 완성 자금이 지원됩니다. 연구개발자금은 연구 및 개발 활동을 수행하는 동안 필요한 비용을 지원하는 자금으로서, 기업의 연구개발과제에 소요되는 경비를 지원합니다. 개발 완성 자금은 연구개발이 완료되어 사업화를 위한 마무리 작업이나 개발 완성을 위해 필요한 자금을 지원합니다.

– 사업화 단계 : 사업화 단계에서는 R&D 성공과제의 사업화에 소요

되는 운전자금 및 시설자금이 지원됩니다. 운전자금은 사업화를 위한 운영 자금으로서, 제품 생산, 시장 개척, 마케팅 등 사업 운영에 필요한 비용을 지원합니다. 시설자금은 사업장 구축이나 개선을 위해 필요한 자금으로서, 사업화를 위한 시설 구입 또는 개선에 사용될 수 있습니다.

이러한 지원을 통해 R&D 보증은 기업의 연구개발 과제의 성공과 사업화를 지원하며, 기술적인 성과를 사업화로 연결하여 기업의 경쟁력 강화와 성장을 도모합니다.

4. 일자리 창출 지원

고용 창출을 통해 경제 성장과 사회적 안정을 실현하기 위해 정부와 다양한 기관이 일자리 창출을 위한 사업을 진행하고 있습니다.

일자리 창출을 위한 지원은 다양한 형태로 이루어질 수 있습니다. 예를 들어, 정부는 일자리 창출을 목표로 하는 정책을 수립하고, 소상공인 및 중소기업에 대한 지원 프로그램을 운영합니다. 이를 통해 기업의 창업과 성장을 지원하고, 일자리를 창출할 수 있는 환경을 조성합니다.

또한, 일자리 창출을 위한 사업화 지원과 함께 직업 교육 및 훈련 프로그램을 제공하여 인력의 역량을 강화하는 데에도 노력하고 있습니다. 이를 통해 취업 기회를 확대하고, 고용 가능성이 높은 분야로의 진출을 돕습니다.

일자리 창출을 위해 새로운 산업 분야나 성장 잠재력이 있는 기업을 육성하고 지원하는 제도와 프로그램도 운영되고 있습니다. 예를 들어, 청년 창업 지원, 창업 생태계 조성, 혁신 기업 육성 등이 일자리 창출을 위한 중요한 정책적인 방향성입니다.

이러한 일자리 창출 지원은 경제 발전과 사회 안정에 긍정적인 영향을 미치며, 더 많은 사람들에게 일자리 기회를 제공하여 경제적으로 안정된 삶을 영위할 수 있도록 도움을 줍니다.

신용보증기금

신용보증은 기업의 부족한 담보능력이나 신용도로 인해 은행으로부터 대출 또는 거래처로부터 물품 공급을 받기 어려운 상황에서, 신용보증기관이 기업의 채무를 일정 부분 보증함으로써 성장 유망한 기업을 지원하는 제도입니다.

신용보증을 이용하는 장점은 몇 가지가 있습니다. 첫째, 신용보증서를 제공하는 것으로 은행은 신용보증서 대출에 대해 우대금리를 적용해줌으로써 기업 입장에서는 이자 비용을 절감할 수 있습니다. 둘째, 신용보증을 통해 보증 받은 기업은 신용도가 제고되는 효과를 얻을 수 있습니다. 또한, 신용보증을 통해 법인기업의 채무에 대한 대표자 개인의 연대보증이 면제될 수 있습니다.

신용보증의 보증 대상은 특정 업종에 제한을 두지 않으며, 대부분의 업종에서 보증을 받을 수 있습니다. 다만, 도박, 사행성 게임, 사치, 향락, 부동산 투기 등을 조장할 우려가 있는 업종에 대해서는 보증을 제한하고 있습니다.

신용보증 절차는 기업의 신용정보, 온라인 제출 자료, 조사 입력 자료 등을 바탕으로 보증 신청 가능 여부를 신속하게 확인하며, 보증 신청은 사업장과 가까운 신용보증기금 영업점으로 자동 배정됩니다. 영업점 방문을 통해 현장 실사가 이루어질 수도 있으며, 전자 약정을 통해 온라인으로 신용보증을 진행하는 경우도 있습니다. 최종적으로 전자 신용보증 약정 및 보증료 납부까지 완료되면 보증서가 발급됩니다.

이를 통해 신용보증기금은 기업의 성장을 지원하고 안정적인 경영 환경을 조성하여 경제적으로 발전할 수 있는 기회를 제공합니다.

– 대출보증

대출보증은 기업이 은행 등 금융기관으로부터 운전자금 또는 시설자금을 대출 받을 때, 기업이 대출에 따른 금전 채무를 보증하는 것입니다. 이는 기업의 채무 상환능력을 강화하여 은행이 대출을 승인하고 보증금리 등을 우대해 줄 수 있도록 돕는 역할을 합니다.

– 어음보증

어음보증은 기업이 상거래의 담보 목적이나 대금 결제 수단으로 사용하는 어음에 대해 지급을 보증하는 것입니다. 어음은 매출채권의 결제를 보증하는 역할을 하며, 어음보증을 통해 기업은 신뢰성을 강화하고 상거래에서의 신용도를 향상시킬 수 있습니다.

– 지급보증의 보증

지급보증의 보증은 기업이 금융회사로부터 지급보증을 받을 때, 그 보증채무의 이행으로 인한 구상에 응해야 할 금전채무에 대한 보증입니다. 이는 기업이 지급보증을 통해 도급공사나 입찰 참여 등의 사업에 참여하거나 공공기관과의 계약을 체결할 때 요구되는 경우에 활용됩니다. 지급보증의 보증을 통해 기업은 신뢰성을 입증하고 계약상의 의무를 이행할 수 있는 자격을 갖추게 됩니다.

이러한 보증은 기업의 신용도를 향상시키고 금융 거래나 사업 참여에 필요한 자금 조달과 계약 체결을 용이하게 할 수 있습니다.

지역신용보증재단은 물적 담보력이 미약하지만 사업성, 성장 잠재력, 신용 상태가 양호한 지역 소기업과 소상공인 등에 대한 채무보증을 통해 이들 기업들이 금융기관으로부터 원활하게 자금을 조달할 수 있도록 지원하는 기관입니다. 이를 통해 경영 안정을 도모하고 지역 경제 활성화에 기여합니다.

중앙정부와 해당 지역의 광역 자치 단체가 협력하여 지원 자금을 마련하고, 지역신용보증재단법에 따라 설립된 비영리 특별 법인으로 운영됩니다. 현재 광역 자치 단체별로 17개의 신용보증재단이 설치되어 운영되고 있습니다.

신용보증의 대상은 해당 지역 신용보증재단의 관할 지역 내에 본사나 주요 사업장을 소유하고 사업자 등록한 소기업과 소상공인입니다. 대출보증, 지급보증, 시설대여 보증, 어음 보증, 이행보증 등과 같은 다양한 유형의 신용보증이 제공됩니다.

신용보증의 한도는 제조업 및 제조 관련 서비스업은 연간 매출액의 1/3에서 1/4 이내이며, 기타 업종은 연간 매출액의 1/5에서 1/6 이내입니다. 시설자금은 해당 시설의 소요 자금 범위 내에서 지원되며, 소상공인 창업 및 경영 개선 자금은 최대 7천만 원까지 지원됩니다.

신용보증재단

보증료는 신용도, 보증금액, 보증기한 등에 따라 차등적으로 적용되며, 일반적으로 0.5%에서 2.0% 사이의 비율로 책정됩니다. 보증기간이 1년을 초과하는 경우, 1년마다 분할 납부가 가능합니다.

보증 절차는 가까운 지역 신용보증재단이나 협약 은행을 방문하여 보증신청서를 작성하고 접수합니다. 신청서가 접수되면 지역 신용보증재단은 신용조사를 통해 신청 기업에 대한 신용 정보를 수집하고 진위확인을 진행합니다. 해당 사업장 관할 지역 신용보증재단은 현장 확인을 위해 기업의 사업장을 방문합니다.

기업의 신용도, 사업 전망, 보증신청 금액 등을 종합적으로 검토하기 위해 신청 내용과 금액에 따라 소액심사, 표준심사, 정식심사 방법을 선택적으로 적용하여 심사를 진행합니다.

보증금액은 일정한 기준에 따라 보증한도금액 범위 내에서 기업의 규모, 자금 용도, 신용도 등을 종합적으로 고려하여 결정됩니다. 보증서가 발급되면 신용보증재단은 개별적으로 연락을 취하게 됩니다. 발급된 보증서를 소지하고 가까운 은행을 방문하면 담보가 없어도 쉽고 저렴하게 대출을 받을 수 있습니다.

4장 | 정책자금 종류와 출연금

창업지원사업

출연금은 정부가 무이자, 무담보, 무상환의 조건으로 지원하는 기금을 말합니다. 정부는 일부 사업이 국가적인 필요성이 있음에도 불구하고 직접 수행하기 어렵거나 민간기업이 더 효율적으로 수행할 수 있다고 판단하는 경우, 법령 근거에 따라 민간기업에게 재정적인 지원을 제공합니다. 이러한 지원은 주로 R&D(연구개발) 분야에 이루어지며, R&D 출연금이라고도 합니다.

출연금은 창업 지원사업과 중소기업 기술개발 지원사업으로 구분될 수 있습니다. 창업 지원사업은 창업자들이 사업을 시작하고 성장하기 위한 자금 및 지원을 제공합니다. 중소기업 기술개발 지원사업은 중소기업들의 기술개발 노력을 지원하고 발전시키기 위한 자금을 제공합니다.

출연금은 기업의 연구개발 노력을 지원하여 기술 혁신과 경쟁력 향상을 도모하며, 산업의 발전과 경제 성장에 기여합니다.

창업지원사업은 유망한 창업 아이템이나 혁신적인 기술을 보유한 우수 창업자들을 발굴하여 창업의 모든 단계에 걸쳐 종합적인 지원을 제공하는 사업을 말합니다. 이를 통해 창업자들은 초기 아이디어 단계부터 사업화까지 필요한 자금, 멘토링, 교육, 네트워킹 등의 다양한 지원을 받을 수 있습니다.

창업지원사업은 창업자의 아이디어를 사업화하는 과정에서 발생하는 여러 어려움을 해결하고, 창업 기업의 성장을 도모하기 위해 종합적인 지원 체계를 구축합니다. 이를 통해 창업자들은 초기 자금 조달, 비즈니스 모델 개발, 시장 진입 전략 수립, 마케팅 및 영업 지원, 네트워킹 기회 제공 등 다양한 지원을 받아 성공적인 창업을 이뤄낼 수 있습니다.

창업지원사업은 창업 생태계의 활성화와 창업 문화의 정착을 위해 정부, 지자체, 기업, 학교 등 다양한 주체들이 협력하여 추진됩니다. 이를 통해 창업자들은 보다 안정적이고 지속 가능한 경영 환경 속에서 성장할 수 있으며, 창업 생태계의 발전과 지역 경제의 활성화에 기여할 수 있습니다.

1. 예비창업패키지

예비 창업패키지는 혁신적인 기술 창업 아이디어를 가진 예비 창업자들이 초기 창업사업화를 위해 필요한 자금과 다양한 지원 프로그램을 제공하는 사업입니다. 이 프로그램은 최대 1억 원의 창업 사업화 자금을 지원하며, 창업 교육, 멘토링, 마케팅 등 창업에 필수적인 프로그램을 제공합니다.

예비 창업패키지의 신청 자격은 창업 경험이 없거나 사업자 등록증을 보유하지 않은 자로서, 나이에 제한없이 신청이 가능합니다. 이전에 폐업한 경험이 있더라도 동일 업종이 아닌 다른 업종으로 창업하려는 경우에는 즉시 사업 참여가 가능하며, 동일 업종인 경우에는 폐업 후 3년이나 부도/파산 후 2년이 지난 후에 사업 참여가 가능합니다.

예비 창업패키지는 창업 사업화에 필요한 자금, 창업 교육, 멘토링 등을 지원합니다. 전문 멘토와의 멘토링을 통해 사업 진도 관리, 경영 자문 서비스를 제공하며, 예비 창업자들을 대상으로 창업 교육 프로그램을 운영합니다. 예비 창업자들은 이를 통해 사업 아이디어의 구체화와 사업화 준비과정에서의 필수적인 지식과 노하우를 얻을 수 있습니다.

예비 창업자들은 사업자 등록을 하기 전에 예비 창업패키지에 지원할 자격을 보유하고 있어야 합니다. 자격을 이미 사업자 등록을 통해 획득한 경우에는 예비 창업패키지 지원이 불가능하므로, 예비 창업자로서의 자격을 유지하기 위해서는 사업자 등록을 하지 않도록 해야 합니다.

2. 초기 창업패키지

초기 창업패키지는 유망한 창업 아이템을 가진 창업 3년 이내의 초기 창업기업을 대상으로 사업화 자금(최대 1억 원)을 비롯하여 시제품 제작, 마케팅 등에 필요한 지원을 제공하는 프로그램입니다. 또한, 아이템의 검증 및 투자 유치를 위한 기업 설명회 등 창업 사업화 프로그램도 함께 지원됩니다.

2022년에는 총 900개 기업을 지원했으며, 그 중 100개 기업은 친환경 '그린분야' 창업 기업을 위한 전용 트랙으로 선발되었습니다. 이를 통해 환경 문제 해결과 관련된 오염물질 저감, 에너지 및 자원 절약, 신재생 에너지 기술 등 다양한 혁신적인 창업 아이템이 발굴되었습니다.

창업기업의 모집은 미리 선정된 40개의 주관기관을 통해 진행되며, 창업기업은 주관기관별로 모집분야(일반분야, 그린분야)와 특화 프로그램 등을 고려하여 적합한 주관기관을 선택할 수 있습니다. 이를 통해 창업기업들은 자신의 업종과 필요에 맞는 지원을 받을 수 있게 됩니다.

3. 청년창업 사관학교

청년창업사관학교(청창사)는 유망한 창업 아이템과 혁신 기술을 가진 우수한 창업자를 발굴하여 입주 공간 제공, 교육 및 지도(코칭), 사업화 자금 지원 등을 포함한 창업 전 단계를 패키지 형태로 지원하는 사업입니다.

2011년부터 운영되어온 청년창업사관학교는 현재까지 5,842명의 청년창업가를 배출하였으며, 5조 768억 원의 누적 매출과 17,823명의 신규 일자리 창출 성과를 보여주고 있습니다.

모집 대상은 만 39세 이하의 창업 후 3년 이내의 기업 대표자입니다. 선발된 창업자들은 최대 1억 원의 창업 사업화 지원금과 사무 공간, 시제품 제작 관련 인프라, 창업 교육, 지도, 판로 개척 등 초기 창업기업에 필요한 다양한 지원을 받을 수 있습니다. 2022년에는 18개의 청년창업사관학교에서 총 915명의 입교생 중 청창사를 위한 875명을 우선적으로 모집하였으며, 대전 청년창업사관학교는 민간 주도형 청창사를 도입하여 별도로 모집하였습니다.

2022년에는 청년창업사관학교에 큰 변화가 있었습니다. 2021년 전반에 걸친 조사와 청년 창업자 간담회를 통해 MZ세대가 원하는 청년창업사관학교 2.0으로 변화하였습니다. 먼저, 민간 창업기반이 약한 비수도권 우수 창업자를 위해 '민간 주도형 청창사'를 대전에 도입하였습니다. 민간 주도형 청창사는 직접 투자 기능을 가진 창업 기획자가 운영기관이 되어 비수도권 우수 창업자를 직접 선발하고 육성하며, 투자 유치 과정까지 책임지는 새로운 운영 방식입니다.

두 번째로, 전문성 있는 민간 교육 전담기관을 영입하여 기존의 지역별 교육계획을 통합하여 운영하였습니다. 민간 교육 전담기관은 교육계획뿐만 아니라 유명 강사나 각 분야의 최고 전문가를 온/오프라인으로 섭외하여 고품질의 교육 콘텐츠를 제공하였습니다.

지도(코칭) 역시 소수의 내부 전담 교수가 담당하던 것을 민간 외부 전문가 중심의 1:1 지도(코칭)로 개선하여 운영하였습니다. 입교생이 섭외된 민간 전문가 외에도 다른 강사를 원하는 경우에는 이용권(바우처 방식)을 통해 별도의 지원을 하였습니다. 또한, 수도권 지역에서는 우수한 인프라와 창업 수요를 고려하여 특화 지역을 시범 운영하였습니다.

서울은 글로벌 벤처 캐피탈과 창업 기획자(AC) 등 투자 전문 기관이 위치한 지역으로, 글로벌 투자 분야를 특화할 계획이며, 주요 공단이 집중된 경기 지역은 소부장 중심의 제조 창업을 특화하였으며, 군부대가 집중된 경기 북부 지역은 군 장병 특화를 실시하였습니다.

4. 재도전성공패키지

재도전 성공패키지는 성실한 실패 경험과 우수한 아이템을 가진 청년 및 중장년(예비) 재창업자를 발굴하고 지원하여 성공적인 재창업을 지원하는 사업입니다. 청년은 만 39세 이하이고 예비 또는 재창업 경험이 7년 이내인 기업에 해당하며, 중장년은 만 40세 이상의 예비 또는 재창업 경험이 7년 이내인 기업에 해당합니다. 최대 지원 금액은 6천만 원 이내이며, 기업은 총 사업 비용의 25%를 부담해야 합니다.

지원 내용은 주로 사업화 자금 및 성장촉진 프로그램으로 구성되며, 사업화 자금은 재창업자에게 직접적으로 지원되고, 성장촉진 프로그램은 전담 기관(창업진흥원) 및 주관 기관(일반형, 교육형)에 따라 직접 또는 간접적으로 지원됩니다.

재창업은 중소기업창업 지원법에 따른 '재창업'에 해당하며, 중소기업을 폐업한 후 중소기업을 새로 설립하는 것을 의미합니다. 예비 재창업자는 사업 공고일 이전에 중소기업을 폐업한 후 중소기업창업 지원법상으로 재창업이 가능한 자를 말하며, 재창업자는 중소기업을 폐업한 후 재창업일로부터 7년이 경과하지 않은 자를 말합니다.

청년은 만 39세 이하이며 예비 또는 재창업 요건을 충족해야 하며, 중장년은 만 40세 이상이며 재창업 요건을 충족하는 자입니다. 다만, 중장년 특화 지원인 특허사업화패키지는 창업 아이템과 관련된 특허를 보유한 자에 한정됩니다.

사업화 자금은 최대 6천만 원까지 지원되며, 평가 등급에 따라 차등 지원됩니다. 지원은 선정 후 8개월 이내에 이루어지며, 시제품 제작, 마케팅 비용 등 사업화에 필요한 경비로 지원됩니다.

정부 지원금은 75% 이하이며, (예비) 재창업자는 자기 분담금으로 25%의 자금을 부담해야 합니다. 재창업 기업 대표자 및 사업화 수행에 직접 참여하는 고용 인력의 인건비, 사무실 임대료, 보유 기자재 등에 이 자금을 사용할 수 있습니다.

5장 | 중소기업 개발기술 지원 사업

2023년 정부 R&D 예산은 전년 대비 3.0% 증가하여 총 30조 7,000억 원으로 배정되었습니다. 수출 지향적인 국내 경제의 특성을 고려하여 새로운 기술과 제품을 개발하여 고용과 매출을 증가시키고 수출을 높이는 것이 경제의 발전을 위한 중요한 요소로 인식되어 정부에서 R&D 예산을 크게 증액해왔으며, 앞으로도 예산의 증가가 예상됩니다.

매년 10만 개 이상의 신설 법인이 생겨나고 있는데, 숭소기업 개발기술 지원사업에 신청 가능한 업종은 대략적으로 제조업과 서비스업으로 약 34만 개 기업이 창업하고 있습니다. 이에 기존 기업을 포함하면 연간 약 45만 개 기업 중 약 2만 개 기업이 중소기업 개발기술 지원사업에 참여할 수 있습니다.

정부 R&D 예산이 30조 원이며 R&D 지원사업에 최대 10만 개 기업이 신청 가능하다고 가정할 때, 1개 기업당 1년에 약 3억 원의 지원을 받을 수 있습니다. 그러나 실제로 R&D 지원 자금은 사업계획서 작성 및 대면 평가를 거쳐 경쟁을 경쟁하는 기업들에게만 지원되기 때문에 전략적으로 준비한 기업들만이 이 자금을 받을 수 있는 것입니다.

중소기업 개발기술 지원 사업은 중소기업의 신기술 또는 신제품의 개발, 제품 및 공정 혁신 등에 필요한 비용을 지원하여 기술 경쟁력을 향상시키는 사업입니다. 이 사업의 정책 방향은 4차 산업혁명 시대를 대비하여 국가 산업 패러다임 전환을 위한 미래 신성장 분야의 유망 기업 육성 및 중소기업의 혁신적인 성장을 지원하는 것입니다.

또한, 산업–학문–연구 기반의 거점을 조성하고, 지역 간 균형 발전 및 기업 간 상생협력을 활성화하기 위해 다양한 협력 인프라를 구축하고, 개방형 혁신 생태계를 조성하며 연구 개발의 자율성과 책임을 강화합니다. 또한, 코로나19 상황을 극복하기 위한 중소기업의 기술개발 투자 방식을 지원하고, 공공 조달을 확대하여 기술 상용화 촉진 및 기술개발 성과의 확산 부담을 완화하는 것입니다.

중소기업 개발기술 사업의 신청 자격은 "중소기업기본법"에 따른 중소기업이 해당 대상이며, 세부 사업별로 공고는 사업별 추진 일정에 따라 중소벤처기업부 홈페이지, 중소기업 기술개발 사업 종합관리 시스템, 국가과학 기술지식 정보서비스 홈페이지 등을 통해 확인할 수 있습니다.

1. 창업성장기술개발 과제

창업성장기술개발과제는 성장 잠재력을 갖춘 창업기업의 기술개발을 지원하여 기술창업 활성화와 창업기업의 성장을 촉진하는 사업입니다.

참여 대상은 창업 7년 이하이며 매출액이 20억 원 미만인 창업기업입니다.

디딤돌 사업은 1년 동안 창업기업에 최대 1.2억 원의 기술개발 자금을 지원하는 사업으로, 총 900개 과제를 선정합니다. 상반기에는 "첫걸음"과 "사회문제해결형" 등 총 450개 과제를 선정하여 지원하고, 하반기에는 사업화와 투자 지원을 동반한 효과를 가져오기 위해 창조경제혁신센터 추천과 연계기관 추천을 통해 450개의 과제를 지원합니다.

첫걸음 과제는 중소벤처기업부 R&D를 수행하지 않은 창업기업의 기술개발을 지원하고, 기관추천형 과제는 중소기업 지원기관에서 발굴한 유망 창업기업의 기술개발을 지원합니다. 사회문제해결형 과제는 주요 사회문제 영역을 대상으로 기술개발을 통해 사회문제에 대응하는 지원을 합니다.

전략형 사업은 창업기업의 미래 성장동력 확보를 위해 전략적인 기술개발을 지원하는 사업으로, 창업기업에 2년 동안 최대 3억 원의 기술개발 자금을 지원합니다. 상반기에는 디지털 혁신과 성장동력, 백신 원부자재 분야, 대스타 해결사 등 총 195개 과제를 선정하여 지원하며, 하반기에는 빅(BIG)3, 백신 원부자재 분야, 대스타 해결사 등 총 195개 과제를 선정하여 지원합니다. 또한, 소재, 부품, 장비 국산화와 그린뉴딜 분야의 중소기업 집중 육성을 위한 기술개발도 지원합니다.

팁스(TIPS)는 세계 시장을 선도할 기술 아이템을 보유한 창업기업을 집중 육성하는 민간 투자 주도형 기술창업 지원 프로그램입니다. 성공한 벤처인 중심의 엔젤투자사, 초기기업 전문 벤처 캐피탈, 기술 대기업 등 민간 투자 기관이 팁스 운영사로 지정되어 투자, 보육, 멘토링과 함께 R&D 자금을 매칭하여 지원합니다.

팁스 운영사는 엔젤투자 회사(재단)와 초기 기업 전문 벤처 캐피탈 등으로 구성되며, 창업기업에게 성공을 이끌어내기 위해 비법을 제공합니다. 2013년부터 운영되고 있는 팁스는 자금뿐만 아니라 운영사의 보육 및 후속투자 유치 등 창업기업이 실질적으로 필요로 하는 다양한 지원을 통해 성공적인 사업화를 지원하는 대표적인 기술창업육성 프로그램입니다.

2. 중소기업 기술혁신개발 과제

중소기업 기술혁신개발 과제는 중소기업이 기술개발을 통해 성장할 수 있도록 시장검증 단계별 R&D 지원과 신속한 사업화를 지원합니다. 이를 통해 기업의 성장을 도모합니다.

수출지향형 과제는 예비 중견기업, 수출 유망기업 등을 대상으로 글로벌 경쟁력을 강화하고, 글로벌 선도 기업군을 집중 육성하기 위한 기술개발을 지원합니다. 이를 통해 국내 기업들의 해외시장 진출을 촉진합니다.

시장 확대형 과제는 디지털, 그린, BIG3 분야 등 중점 전략 분야의 기술을 보유한 중소기업을 대상으로 기술개발을 지원합니다. 예를 들어, 블록체인, 컴퓨터 비전, 고객 데이터 플랫폼, 사이버 보안 등의 디지털 분야, 시스템 반도체, 바이오 헬스, 미래 자동차 등의 BIG3 분야가 해당됩니다. 이를 통해 중소기업의 기술개발과 혁신을 촉진하고 시장에서의 경쟁력을 향상시킵니다.

시장 대응형 과제는 중소기업의 유망 품목을 발굴하여 혁신 역량 강화가 필요한 기술개발을 지원합니다. 이를 통해 중소기업들이 시장에 대응하고 경쟁력을 갖출 수 있도록 돕습니다. 강소기업 100 과제는 소재, 부품, 장비 분야에서 우수한 성과를 보이고 있는 100개 기업의 기술개발과 핵심 전략 품목의 국산화 및 기술 자립을 위한 기술개발을 지원합니다. 이를 통해 국내 중소기업들의 기술개발과 경쟁력 강화를 지원합니다.

3. 상용화기술개발 과제

중소기업 상용화기술개발과제는 기업 간의 상생협력을 촉진하여 가치 공급 사슬의 경쟁력 확보와 자립화를 위한 기반을 마련합니다. 이를 통해 중소기업들이 상용화된 기술을 개발하고 시장에 성공적으로 출시하여 경쟁력을 갖출 수 있도록 지원합니다.

구매 조건부 신제품 개발 과제는 수요처 또는 투자기업이 협력 의사를 밝히고 개발을 제안한 과제에 중소기업의 기술개발 자금 등을 지원합니다. 이는 수요처와의 특수 관계에 있는 중소기업의 참여가 제한될 수 있습니다. 구매 연계형 과제는 수요처가 구매 의사를 밝히고 개발을 제안한 과제에 중소기업의 기술개발 자금을 지원합니다. 이러한 과제는 최대 5억 원까지 2년간 지원될 수 있습니다.

특히, 구매 연계형 과제 중 해외 수요처의 경우, 무역보험공사에서 제공하는 해외 기업 평가에서 F등급 이하로 평가되지 않는 한 수요처와 MOU를 통해 과제를 진행할 수 있습니다. 이는 중소기업에게는 기회로 여겨질 수 있습니다. 따라서 중소기업들은 이러한 기회를 활용하여 해외 수요처와 협력하고 과제를 수행할 수 있습니다.

6장 │ 중소기업 인증 제도

기업부설연구소

기업부설연구소 지원 제도는 기업의 연구개발 역량을 강화하기 위해 특정 요건을 충족하는 연구소 또는 기업부설연구소의 설립을 인정하고 우대하는 제도입니다. 중소기업은 이러한 제도를 통해 다양한 혜택을 받을 수 있습니다.

중소기업은 정부로부터 세액 공제, 금융 지원, 인력 지원 등의 혜택을 받을 수 있습니다. 또한, 국가 연구개발 사업에 참여하여 지원을 받을 수 있으며, 기술신용보증 특례제도의 자금도 지원받을 수 있습니다. 또한, 중소기업 판정 시 특별한 조치를 받을 수 있는 등의 지원을 받을 수 있습니다. 이러한 혜택은 중소기업들에게 큰 장점이 될 수 있습니다.

기업부설연구소 지원 제도를 통해 중소기업들은 연구개발 역량을 강화하고 기술개발에 노력할 수 있으며, 이를 통해 기술 혁신과 경쟁력 강화를 이룰 수 있습니다.

• 기업부설연구소의 설립 요건

기업부설연구소를 설립하기 위해서는 일정한 요건을 충족해야 합니다. 중소기업에 적용되는 일반적인 조건은 다음과 같습니다.

– 연구전담 인력 : 기업부설연구소는 독립된 연구를 수행하는 전문 인력을 보유해야 합니다. 중소기업에는 소정의 연구전담 인력을 확보하는 것이 요구됩니다.

– 연구 시설과 장비 : 기업부설연구소는 독립된 연구 공간과 필요한 연구 시설 및 장비를 보유해야 합니다. 이는 연구 및 개발 활동을 원활하게 수행하기 위해 필요한 요건입니다.

기업이 위의 조건을 충족하고 기업부설연구소를 설립하고자 할 경우, 관련 구비서류를 작성하고 신고 절차를 진행해야 합니다. 각 국가나 지역의 법령 및 규정에 따라 신고서와 함께 필요한 서류를 제출해야 합니다. 이후, 해당 기관에서는 신고된 기업부설연구소의 신청을 심사하고, 조건을 충족하면 인정서를 발급해줍니다.

인정서 발급 후에는 중소기업은 기업부설연구소 설립에 따른 혜택을 받을 수 있게 됩니다. 이는 연구개발 비용의 일부를 세액 공제로 환급받거나, 연구자금 등을 지원받을 수 있는 등의 혜택을 의미합니다.

단, 중소기업이 기업부설연구소를 설립하기 위한 절차와 요건은 국가 및 지역에 따라 다를 수 있으므로 해당 국가 또는 지역의 관련 기관이나 담당 부서에서 자세한 안내를 받는 것이 좋습니다.

• **연구소 전담요원 자격**

기술·기능분야에 따른 연구전담요원의 자격 인정 기준에 대한 자세한 설명을 제공받았습니다.

기술·기능분야에서 연구 전담요원으로 인정되기 위해서는 해당 법률 및 시행규칙에 명시된 요건을 충족해야 합니다. 중소기업에 한해 인정되는 경우와 중견기업에도 계속해서 인정되는 경우, 그리고 산업디자인 분야 및 서비스 분야에서의 예외 사항에 대해 상세히 설명하겠습니다.

중소기업과 중견기업, 그리고 산업디자인 분야와 서비스 분야에서의 자격 인정 기준은 다소 차이가 있으며, 해당 법률과 시행규칙을 참조하여 신청 및 심사 절차를 따라야 합니다. 또한, 소매, 출판, 소프트웨어개발공급업, 방송, 정보서비스, 금융 및 보험, 광고, 건축, 공학 분야 등의 지식서비스 분야에서는 전공과 관계없이 연구 전담요원 자격이 인정됩니다.

기술·기능분야에서의 연구전담요원 자격 인정은 중소기업 및 중견기업의 기술개발 및 연구역량을 높이기 위한 지원 정책 중 하나로, 해당 기업들이 성장과 혁신을 이루는 데 도움을 줄 수 있습니다. 자격 인정에 필요한 자세한 정보는 관련 법령 및 해당 기관의 공식 웹사이트 등을 참고하면 도움이 될 것입니다.

• 독립된 연구기관

기업부설연구소를 설립하기 위해서는 연구 공간의 구분과 크기에 대한 요건을 충족해야 함을 이해합니다. 연구소 또는 전담부서의 면적이 50평 이하인 경우, 별도의 출입문을 갖추지 않고 다른 부서와 칸막이 등으로 구분하여 운영할 수 있습니다.

기업부설연구소를 설립하는 것은 중소기업에게 다양한 혜택을 제공하는 데 도움이 됩니다. 이에는 정부로부터의 세액공제와 금융지원, 인력지원 등이 포함됩니다. 또한, 국가 연구개발 사업의 참여 지원, 기술신용보증 특례제도 자금 지원, 중소기업 판정 시 특별조치 등의 지원도 받을 수 있습니다.

기업부설연구소 설립을 통해 혜택을 받을 수 있는 미취업 청년 고용지원사업의 경우에는 미취업 청년을 고용할 경우 인건비의 절반을 지원받을 수 있으며, 기술개발 연구원에게 병역 특례를 적용할 수 있다는 정보가 있습니다. 이외에도 연구 및 인력개발비 세액공제, 설비투자에 대한 세액공제, 기업부설 연구소의 부동산 지방세 면제 혜택 등 다양한 혜택을 받을 수 있습니다.

세액공제에 관련하여 연구전담요원의 연봉에 대해서는 25%의 세액공제를 받을 수 있습니다. 연구전담요원 A와 B의 연봉을 예로 들어 세액공제를 받을 수 있는 금액을 계산해보았는데, 이를 통해 법인세 부담을 줄일 수 있다고도 합니다.

기업부설연구소 설립과 관련된 혜택과 세액공제 등의 세부 내용은 관련 법령과 규정을 참조하시어 자세한 정보를 확인하시는 것이 좋습니다.

• 기업부설연구소 신고 절차

연구소 신고를 위해서는 다음과 같은 서류를 준비해야 합니다. 신고서류는 개별적으로 정부기관 또는 관련 단체에서 안내하는 내용에 따라 달라질 수 있으므로, 실제 신고 대상 기관의 신고요건과 관련된 문서를 확인하시기 바랍니다. 일반적으로 요구되는 서류는 다음과 같습니다.

- 기업 신고서 : 기업의 기본 정보, 대표자 정보, 사업 영역, 연구소 설립 목적 등을 기재하는 서류입니다.
- 연구소 설립 계획서 : 연구소의 목표, 구조, 연구 분야, 인력 구성 등에 대한 상세한 계획을 포함한 문서입니다.
- 재무계획서 : 연구소 설립 및 운영에 필요한 재정적인 계획과 예산 등을 기재하는 서류입니다.
- 연구 인력 및 인력 구성표 : 연구 전담 인력 및 관련 경력, 학력 등을 명시하는 서류입니다.
- 연구 시설 및 장비 현황 : 연구를 수행하기 위해 필요한 시설과 장비의 현황을 설명하는 문서입니다.
- 기타 관련 서류 : 해당 기관이나 규정에 따라 추가로 요구되는 서류

가 있을 수 있습니다.

서류를 준비한 후, 해당 기관의 공인인증서로 인증된 연구소 설립 신고 홈페이지에서 신고를 진행하시면 됩니다. 신고가 접수되면 심사 과정이 진행되며, 심사 시에 서류가 부족하거나 요건을 충족하지 못할 경우 신고가 반려될 수 있습니다. 이 경우 반려 사항을 수정하여 추가 서류를 제출하거나 요건을 충족시켜야 합니다. 필요한 수정 사항은 기관에서 안내하는 내용에 따라 조정하시면 됩니다.

연구소 신고 절차와 요구되는 서류는 국가 및 지역에 따라 차이가 있을 수 있으므로, 실제 신고를 원하시는 기관의 신고 가이드라인과 관련 법령을 확인하여 필요한 정보를 얻으시는 것이 좋습니다.

벤처기업 확인

벤처기업 확인제도는 중소벤처기업부에서 운영하는 제도로, "벤처기업육성에 관한 특별조치법"에 따라 기술의 혁신성과 사업의 성장성이 우수한 기업을 벤처기업으로 확인하고 지원하는 것을 목적으로 합니다.

벤처기업 확인은 중소벤처기업부에서 실시하는 절차를 통해 이루어지며, 기업이 일정한 요건을 충족하는 경우 벤처기업으로 인정됩니다. 이를 통해 벤처기업은 중소벤처기업부로부터 다양한 혜택과 지원을 받을 수 있게 됩니다. 예를 들어, 세법상의 혜택인 법인세 감면, 자본금 조성 우대, 신용보증 서비스 제공 등의 지원이 이루어집니다.

벤처기업 확인제도는 기술 혁신과 창업 활성화를 촉진하기 위해 도입된 제도로, 우수한 기술 기반과 성장 잠재력을 가진 기업들을 발굴하여 지원함으로써 경제적 성과와 혁신적인 사업 활동을 촉진하는 데 목적이 있습니다.

• 벤처기업 확인제도 유형

벤처기업 확인제도 유형은 총 3가지로 되어 있습니다. 벤처투자유형, 연구개발유형, 혁신성장유형으로 나뉩니다.

1. 벤처투자유형

적격투자기관으로부터 유치한 투자금액이 합계 5천만 원 이상인 경우에 해당하는 유형은 벤처투자유형입니다. 이 경우, 투자란 주식 회사가 발행한 주식, 무담보전환사채 또는 무담보신주인수권부사채를 인수하거나, 유한회사의 출자를 인수하는 것을 말합니다.

또한, 벤처기업의 자본금 중 투자금액의 합계가 전체 자본금의 10% 이상인 경우에도 해당 유형에 포함됩니다. 다만, 문화산업진흥 기본법에 따른 제작자 중 법인인 경우, 투자금액 비율은 7% 이상이어야 합니다.

벤처투자유형에서 언급된 적격투자기관으로는 중소기업 창업투자회사, 벤처투자조합, 신기술사업금융업자, 신기술사업투자조합, 한국산업은행, 중소기업은행, 일반은행, 개인투자조합, 기관전용사모집합투자기구, 외국투자회사, 투자실적, 경력, 자격요건 등을 대통령령으로 정하는 기준을 충족하는 전문개인투자자 등이 포함됩니다.

2. 연구개발유형

연구개발유형은 기업 내에 기업부설연구소, 연구개발전담부서, 기업부설창작연구소, 기업창작전담부서 중 1개 이상을 보유하고 있거나, 벤처기업확인 요청일이 속하는 직전 4개 분기의 연구개발비 산정 기준가가 5천만 원 이상인 기업에 해당하는 유형입니다. 다만, 창업 3년 미만의 기업의 경우, 연간 매출액 대비 연구개발비 비율은 적용되지 않습니다.

이 유형에서의 전문평가기관은 신용보증기금과 중소벤처기업진흥공단이며, 평가 사항은 사업의 성장성입니다. 평가지표로는 도전성, 전문성, 구체성, 노력성, 산출성, 효과성, 지속성 등의 요소를 고려하여 평가합니다. 평가는 약 45일 정도 소요되며, 확인 수수료는 45만 원이며 정부지원금으로 10만 원이 지원되므로 기업이 부담해야 할 비용은 35만 원입니다. 제출해야 할 서류로는 사업계획서, 중소기업 확인서, 사업자등록증, 법인등기부등본, 부가가치세 표준증명원, 재무제표, 매출원장, 고용보험 사업장취득자명부, 4대보험 가입 명부, 연구개발조직인정서, 인건비 산정내역서 등이 필요합니다.

3. 혁신성장유형

벤처기업 확인기관으로부터 기술의 혁신성과 사업의 성장성이 우수하다고 평가받은 기업이 신청할 수 있는 유형입니다.

이 유형에서의 전문평가 기관은 기술보증기금, 한국농업기술진흥원, 연구개발특구진흥재단, 한국과학기술정보연구원, 한국발명진흥회 등이며, 평가지표는 기술혁신성과 사업성장성 이렇게 2가지 요소를 기반으로 평가합니다.

평가는 접수일로부터 약 45일 정도 소요되며, 확인 수수료는 55만 원입니다. 단, 정부지원금으로 10만 원이 지원되므로 기업이 부담해야 하는 비용은 45만 원입니다.

제출해야 할 서류로는 사업계획서, 중소기업 확인서, 사업자등록증, 법인등기부등본, 부가가치세 표준증명원, 재무제표, 매출원장, 고용보험 사업장취득자명부, 4대보험 가입명부 등이 필요합니다.

벤처기업 인증 절차

- 벤처기업 신청서 제출: 벤처기업으로 인증받고자 하는 기업은 중소벤처기업부에서 제공하는 신청서를 작성하여 제출해야 합니다. 이 신청서에는 기업의 정보, 경영상태, 기술혁신성과 등에 대한 내용이 포함되어 있습니다.

- 벤처기업 심사: 신청서 제출 후 중소벤처기업부에서 심사를 진행합니다. 이 심사는 기업의 기술 혁신성과 사업성장성을 평가하는 과정으로 이루어집니다. 중소벤처기업 진흥공단 또는 인증된 전문평가 기관을 통해 심사가 이루어집니다.

– 인증결과 통보: 심사 결과에 따라 중소벤처기업부로부터 벤처기업 인증 여부가 통보됩니다. 인증을 받은 기업은 벤처기업으로 인정되어 벤처기업 관련 혜택과 지원을 받을 수 있습니다.

중소벤처기업부에서는 벤처기업 인증에 대한 자세한 절차와 요건을 안내하는 공식 웹사이트를 운영하고 있으므로, 해당 웹사이트를 참고하여 신청 및 절차에 대한 상세한 정보를 확인할 수 있습니다.

BUSINESS
START

3부

정책자금
톺아보기

1장 | 신용보증기금

신용보증기금(https://www.kodit.co.kr)은 중소기업과 중견기업의 자금조달을 지원하기 위해 설립된 공공기관입니다. 주요 역할은 기업의 대출과 자금조달에 대한 보증을 제공하여 기업의 신용도를 향상시키고 금융기관의 대출 책임을 분담하는 것입니다.

신용보증재단은 '기본재산의 관리', '신용보증', '보증연계투자', '경영지도', '신용조사 및 신용정보의 종합관리', '구상권(求償權)의 행사', '신용보증제도의 조사 · 연구', '이상의 업무에 부수되는 업무로서 금융위원회의 승인을 받은 것'에 대한 업무를 수행하며 위 업무 외에 재보증업무 및 유동화회사보증업무를 수행합니다.

다음은 한국의 신용보증기금에 대한 상세한 내용입니다.

대출보증 프로그램
신용보증기금은 중소기업과 중견기업의 자금조달을 지원하기 위해 다양한 대출보증 프로그램을 운영합니다. 기업이 대출을 신청할 때, 신용보증기금은 금융기관에 대출보증을 제공하여 기업의 대출 승인을 도와줍니다. 이는 기업이 보다 유리한 조건으로 자금을 조달할 수 있도록 돕는 역할을 합니다.

신용평가

신용보증기금은 기업의 신용평가를 실시합니다. 이를 통해 기업의 신용도를 평가하고 대출 보증 가능 여부를 판단합니다. 신용평가 결과는 대출 이자율 및 대출 한도 등에 영향을 미칠 수 있습니다.

보증비용 부담 경감

신용보증기금은 대출보증을 제공함으로써 금융기관이 부담하는 대출 위험에 대한 일부를 분담합니다. 이를 통해 금융기관은 대출의 위험을 줄이고, 기업은 낮은 보증비율로 대출을 받을 수 있게 됩니다.

자금지원 프로그램

신용보증기금은 자금지원 프로그램도 운영합니다. 중소기업과 중견기업이 신규 사업을 시작하거나 확장하기 위해 필요한 자금을 지원하고, 기업의 성장을 촉진합니다.

정보제공 및 상담지원

신용보증기금은 기업들에게 금융정보와 상담 서비스를 제공합니다. 기업들은 자금 조달과 관련된 다양한 정보를 얻을 수 있으며, 신용보증기금의 전문가들과 상담을 통해 자금조달에 대한 도움을 받을 수 있습니다.

한국의 신용보증기금은 중소기업과 중견기업의 발전과 경쟁력 향상을 지원하기 위해 다양한 프로그램을 운영하고 있습니다. 기업은 해당 기금의 지원 프로그램을 활용하여 자금 조달에 대한 어려움을 해소하고 성장할 수 있습니다.

◎ 기본구조

신청기업의 요청에 의하여 기업이 부담하는 각종 채무를 보증함으로써 성장유망한 기업을 지원

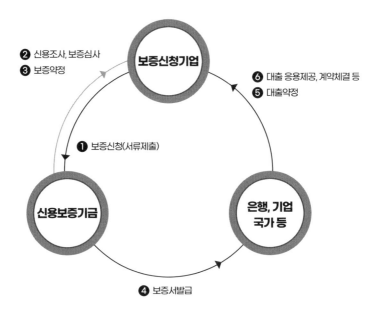

◎ 보증운영 체계

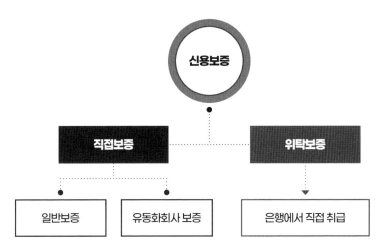

담보문제 해소	비용절감	대외신용도 제고	기업경영 부담 완화
은행으로부터 대출, 거래처로부터 물품 공급 등을 받는 데 부족한 담보 제공	• 은행은 신용보증서 대출에 대해 우대 금리 적용 • 부동산대출에 따른 비용이 절감되고 민간 보증회사보다 보증료 저렴	우수기업에게 선별적으로 지원됨으로써 보증받은 기업의 신용도 제고 효과	법인기업의 채무에 대하여 대표자 개인의 연대보증 면제

1. 신용보증제도

◎ 창업단계(창업활성화 맞춤형 프로그램)

구분		대상기업	우대내용
유망창업기업 성장지원 프로그램	예비창업보증	• 창업 전 6개월 이내	• 지원한도 10억(운전+시설) • 보증비율 100% • 보증료 0.7%p 차감
	신생기업보증	• 창업 후 3년 이내	• 지원한도 10~20억(운전) • 보증비율 95~100% • 보증료 0.4%p 차감
	창업초기보증	• 창업 후 3~5년 이내	• 지원한도 30억(운전) • 보증비율 95% • 보증료 0.3%p 차감
	창업성장보증	• 창업 후 5~7년 이내	• 지원한도 30억(운전) • 보증비율 90% • 보증료 0.3%p 차감
	유망청년창업 기업보증	• 창업 후 7년 이내 • 대표자 만 17~39세	• 지원한도 3억 • 보증비율 90~100% • 고정보증료율 0.3% 적용
청년희망드림보증		• 창업 후 7년 이내 • 대표자 만 17~39세 • 제조업, 신성장기업 등	• 지원한도 3억 • 보증비율 95~100% • 고정보증료율 0.3% 적용
신중년행복드림보증		• 창업 후 7년 이내 • 대표자 만 49세 이상 • 제조업, 신성장기업 등	• 지원한도 3억 • 보증비율 95~100% • 보증료 0.3%p 차감

금융회사 특별출연 협약보증	• 핵심 정책분야 대상 기업 및 성장 유망기업	• 신보 – 보증비율 3년간 100% – 보증료 최대 0.2%p 차감 • 은행 – 대출금리 우대 – 보증료 최대 0.5%p 지원

◎ 성장단계 (성장동력 확충 프로그램)

구분	대상기업	우대내용
유망, 특화, 가젤, BEST서비스기업보증지원 프로그램	• 고용, 부가가치 창출효과 및 성장잠재력 높은 서비스 • 경제적 기여도 높은 신사업 서비스	• 보증비율 90% • 보증료 0.1~0.5%p 차감
신성장동력산업영위기업 보증	• 신성장동력 46개 분야 및 300개 품목 관련 기술보유 및 생산기업	• 보증비율 90% • 보증료 0.1%~0.2%p 차감
수출중소기업종합지원 프로그램	• 수출기업의 수출역량 단계에 따른 보증 지원 • 수출희망–진입–확장–주력–스타기업	• 보증비율 90%~100% • 보증료 0.2~0.3%p 차감 • 수출스타 0.5% 고정보증료율
고용창출 특례보증	• 최근(향후) 6개월 이내 신규 고용 창출(예정) 기업에 대해 보증지원	• 고용인원에 따라 한도 우대 • 0.7% 고정보증료율 적용
지식재산(IP)보증	• 우수 지식재산(IP)에 대한 연구개발(R&D), 기술거래, 사업화 및 활용촉진을 하고자 하는 중소기업	• 보증비율 90~100% • 보증료 0.2~0.5%p 차감
SMART 융합보증	• 융합설비 도입, 융합제품 생산기업 • ESS장치 생산 또는 도입 기업	• 보증비율 90% • 보증료 0.2%p 차감
스마트공장 특화지원 프로그램	• 스마트공장 사업 선정기업, 구축완료기업, 수준확인기업 등	• 보증비율 90~95% • 보증료 0.2~0.6%p 차감

소재 · 부품 · 장비 분야 경쟁력 강화 지원 프로그램	• 소재 · 부품 · 장비 분야 관련 업종 영위 기업 • R&D 및 사업화 · 성장 단계 기업	• 보증비율 90~100% • 보증료 0.2~0.5%p 차감
신한류 해외진출 지원 프로그램	• 문화콘텐츠 제작 기업으로 해외진출 준비 또는 진행 중인 기업	• 보증비율 90% • 보증료 0.2%~0.4%p 차감
국내복귀기업에 대한 보증	• 산업통상자원부 선정 국내복귀기업 (취소기업 제외)	• 보증비율 90% • 보증료 0.2%p 차감

◎ 성숙단계 (지속성장 지원 프로그램)

구분	대상기업	우대내용
유동화회사보증	• 지속성장 유망기업	• 기초자산 편입한도 − 중소기업 200억원 − 중소기업외 350억원
혁신리딩기업	• 양호한 미래성장성과 혁신성을 바탕으로 글로벌 중견기업으로 성장하거나 기업공개 가능성이 높은 기업	• 0.5% 고정보증료 • 보증한도 우대 • 보증 분할해지 유예
고용의 질 우수기업	• 질적 수준이 우수하거나, 고용을 안정적으로 유지하는 기업 − 좋은일자리 기업(GWP) − 최고일자리 기업(BWP)	• 보증비율 90% • 보증료 GWP 0.4%p 차감 • 보증료 BWP 0.5%p 차감

◎ 재도약단계 (경영애로기업의 재도약)

구분	대상기업	우대내용
중소기업 밸류업 보증	• 제조업, 혁신형 중소기업, 고용창출기업, 신성장동력산업 영위기업 중 일시적 경영위기에 처한 기업	• 신규보증 지원(한도 50억원) • 신용보증재조정 (금리우대, 만기연장, 보증료 차감) • 매출채권 보험료 할인

◎ 재도전단계 (실패기업의 재도전 지원 프로그램)

구분	대상기업	우대내용
재도전지원 프로그램	• 신보 단독채무자와 면책 등 법적 변제의무가 없는 기업을 대상으로 신규자금을 지원하는 프로그램	• 구상채무 변제자금 및 신규보증 지원 • 보증비율 80~100%
재창업지원 프로그램	• 다중채무자를 대상으로 신복위의 채무감면 후 신용보증기금 · 기술보증기금 · 중소벤처기업진흥공단이 공동으로 신규자금을 지원하는 프로그램	• 신규보증 지원(한도 30억원) • 보증비율 40% • 고정보증료율 1.0%

2. 기술평가 및 벤처평가

1) 기술평가

◎ 개요
- 신용보증기금은 「발명진흥법」에 따른 발명의 평가기관, 「기술의 이전 및 사업화 촉진에 관한 법률」에 따른 기술평가기관으로서 우수기술 보유기업을 대상으로 기술평가업무를 수행
- 기술평가를 통해 기업은 기술의 미래가치를 보다 정확히 평가받을 수 있고, 이를 바탕으로 다양한 정책금융채널 접근 가능
- 미약한 재무구조 등으로 시장에서 외면받았던 창업초기 및 기술기반 기업은 미래가치를 재확인할 수 있고, 정보의 비대칭성이 완화되어 기술평가 보증 등 금융채널 선택권을 다변화할 수 있음

◎ 기술평가란?
- 기업이 보유한 기술의 기술성 및 시장성, 사업성을 검토하여 금액, 등급 등으로 평가하는 제도

◎ 기술평가 유형

구분	주요내용
기술역량평가	• (평가대상)기술을 보유하고 있는 기업 및 기술 연관성과 성장가능성이 높은 업종을 영위 중인 기업 • (평가항목)기술사업화역량 및 기술경쟁력 등 • (평가수행)지식재산금융센터 및 영업점
기술가치평가	• (평가대상)특허법, 실용신안법, 디자인보호법에 의하여 등록된 지식재산권(IP) • (평가항목)기술의 기술성, 권리성, 시장성, 사업성 • (평가수행)지식재산금융센터

• 기술평가 결과는 신용보증 · 보증연계투자 · 컨설팅 등에 반영되며, 우수기술평가등급 획득 기업은 관련규정에 따라 우대

◎ 지식재산보증 상품개요

우수 지식재산 창출기업에 대한 연구개발(R&D), 기술거래, 사업화 및
활용촉진에 필요한 소요 자금을 지원하는 보증

• 지식재산보증 개요

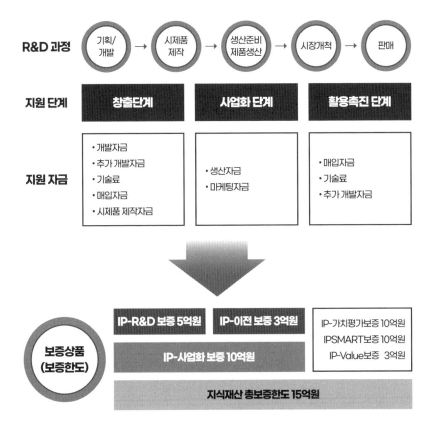

◎ 상품종류

IP-R&D 보증	• 연구개발비, 기자재 구입비 또는 시제품 제작비 등 개발단계에서 소요되는 자금에 대한 보증
IP-이전 보증	• 지식재산 보유자로부터 지식재산을 이전받는 데 필요한 자금에 대한 보증
IP-사업화 보증	• 원부자재 구입비, 생산비, 마케팅 비용 등 사업화 단계에서 소요되는 자금에 대한 보증
IP-가치평가 보증	• 해당 지식재산을 활용하여 제품 및 서비스의 생산, 마케팅 등에 소요되는 자금을 지원하는 보증
IP-SMART 보증	
IP-Value 보증	

◎ 대상자금

• 개발 및 사업화에 소요되는 운전자금 및 시설자금

IP-R&D 보증	IP-이전 보증	IP-사업화 보증	IP-가치평가 보증	IP-SMART 보증	IP-Value 보증
연연구 개발비*	지식재산 이전비	생산비용, 마케팅 비용, 생산시설 건설비 등	생산비용, 마케팅 비용		

* 인건비, 연구기자재비, 재료비, 위탁연구개발비, 시제품 제작비 등

◎ 대상기업

대상자금	대상기업
IP-R&D 보증	지식재산을 개발하고자 하는 기업
IP-이전 보증	지식재산을 이전받고자 하는 기업
IP-사업화 보증	지식재산을 사업화하고자 하는 기업
IP-가치평가 보증	지식재산을 보유하고 있고 이를 사업에 활용해서 매출을 시현하고 있는 기업
IP-SMART 보증	지식재산을 보유하고 있고 이를 사업에 활용해서 매출을 시현하고 있는 기업
IP-Value 보증	특허권을 보유하고 있고 이를 사업에 활용하고 있는 기업

◎ 대상과제

창출단계 소요자금 지원	IP-R&D 보증	• 자체 R&D 과제 · 정부 R&D 과제 · 기술완성/기술이전 추가개발과제
거래단계 소요자금 지원	IP-이전 보증	• 이전받는 IP(특허권, 실용신안권, 디자인권)
사업화단계 소요자금 지원	IP-사업화 보증	• 자체 R&D 성공과제 · 정부 R&D 성공과제 · 산업재산권 등 사업화 과제*
활용촉진단계 소요자금 지원	IP-가치평가 보증	• 발명의 평가기관 또는 기술평가기관으로부터 가치평가를 받은 IP
	IP-Value 보증	• 특허법에 따라 등록된 특허권
	IP-SMART 보증	• 특허법, 실용신안법, 디자인보호법에 따라 등록된 IP**

* 사업재산권(특허권, 실용신안권, 디자인권, 상표권), 저작권, 신지식재산권(컴퓨터 프로그램 및 소프트웨어, 반도체 회로배치 설계 등)

** 기술력평가점수 70점 또는 SMART5 B등급 이상(신용등급에 따라 CCC~C등급도 해당)

◎ 우대사항

- 보증료: 0.2%p 차감운용(IP-Value 보증은 0.7%p 고정보증료율 적용)
- 보증비율 : 기준 보증비율에서 5%~10% 우대(90~100%)
- 보증한도 : 운전자금보증한도 계산시 운전자금 보증금액에서 지식재
  산보증 금액을 제외

◎ IP-Plus 보증 상품개요

금융회사의 IP담보대출과 연계하여 지식재산을 활용한 사업 확장에 소
요되는 자금을 지원하는 보증상품

◎ 지원구조

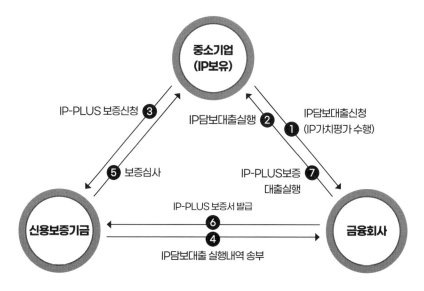

◎ 대상기업

본인 소유 IP*를 금융회사에 담보로 제공하고, IP담보대출을 받은 중소기업

* 단, 발명의 평가기관에서 작성한 IP가치평가보고서의 평가기준일이 1년 이내인 경우

◎ 보증 지원한도

같은 기업에 대해 IP가치평가금액 이내에서 최대 10억 원

◎ 코넥스 기술특례상장 전문평가

신용보증기금은 ㈜한국거래소의 「코넥스시장 상장규정」에서 정하는 기술전문평가기관으로 상장절차상 필수요건인 기술평가를 수행

◎ 코넥스(Korea New Exchange)란?

자본시장을 통한 초기 중소 · 벤처기업의 성장지원과 모험자본의 선순환 체계 구축을 위해 '13년 개설된 초기 중소 · 벤처기업 전용시장

◎ 코넥스 기술특례상장이란?

기술특례상장은 기업이 기술평가등급을 획득하고 지정기관투자자(VC 등)의 상장 동의를 받아 보다 원활히 상장할 수 있도록 지원하는 제도

- 코넥스 상장 시 상장기업은 코스닥시장 이전상장 요건 완화, 자금조달 기회 확대 및 절차 간소화, 상장유지부담 경감, 상장프리미엄 선점 등의 혜택을 누릴 수 있음

◎ 코넥스 기술특례상장 절차 요약

코넥스 상장준비 기업이 기술특례상장을 통해 시장에 진입하려면 전문평가기관이 부여하는 일정 등급 이상의 기술 평가 획득이 필요

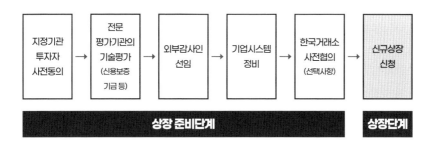

2) 벤처평가

◎ 벤처확인 전문 평가기관 지정

• 신용보증기금은 전국단위 영업조직 및 중소기업에 대한 높은 이해도를 바탕으로 사업성장성 평가능력을 인정받아 연구개발유형 벤처확인 전문 평가기관으로 지정(2020.12.24.)

◎ 벤처유형별 신청요건 등

• 벤처유형별 신청요건

 − 상세 요건은 벤처확인 종합관리시스템(https://www.smes.go.kr/venturein/institution/requireGuide)에서 확인

구분	전문 평가기관	서류검토	현장실사
벤처투자유형	벤처캐피탈협회	투자요건 확인	–
연구개발유형	신용보증기금, 중소벤처기업진흥공단	연구조직 및 연구개발비 요건*	사업성장성 평가
혁신성장유형	기술보증기금, 한국발명진흥회 외	–	기술혁신성 · 사업성장성 평가

* 연구개발유형 신청 요건 ① 기업부설연구소 등 보유, ② 직전 4분기 연구개발비 5천만 원 이상, 매출액 대비 연구개발비 비율이 5~10%(창업 3년 미만 기업은 비율요건 제외)

◎ 벤처확인 절차

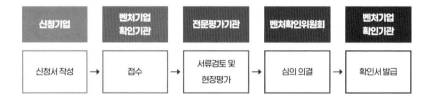

2장 | 기술보증기금

기술보증기금(https://www.kibo.or.kr)은 중소기업과 중견기업의 기술개발과 혁신을 지원하기 위해 설립된 공공기관입니다. 주요 역할은 기업의 기술개발 프로젝트에 대한 보증을 제공하여 기술적 위험을 완화하고 금융기관의 대출 책임을 분담하는 것입니다. 다음은 한국의 기술보증기금에 대한 상세한 내용입니다.

기술보증 프로그램

기술보증기금은 중소기업과 중견기업의 기술개발 프로젝트에 대한 보증을 제공합니다. 이는 금융기관에 대출 보증을 제공하여 기업의 기술개발 프로젝트를 자금적으로 지원합니다. 기업이 보증을 받으면 금융기관은 기술적 위험을 완화하고 대출 승인을 돕는 역할을 합니다.

기술평가

기술보증기금은 기업의 기술을 평가합니다. 기술 평가는 기술적 혁신성, 경제성, 실현 가능성 등을 평가하여 기업의 기술력을 확인합니다. 기술평가 결과는 기술보증 가능 여부를 결정하는 데 사용됩니다.

보증비용 부담 경감

기술보증기금은 기술보증을 제공함으로써 금융기관이 부담하는 기술적 위험에 대한 일부를 분담합니다. 이를 통해 금융기관은 대출의 위험을 줄이고, 기업은 낮은 보증비율로 자금을 조달할 수 있게 됩니다.

자금지원 프로그램

기술보증기금은 중소기업과 중견기업의 기술개발과 혁신을 지원하기 위해 자금지원 프로그램을 운영합니다. 이는 새로운 기술개발, 연구 개발, 기술 도입 등의 프로젝트에 자금을 지원하여 기업의 기술적 경쟁력을 향상시킵니다.

기술정보 제공 및 상담지원

기술보증기금은 기업들에게 기술정보와 상담 서비스를 제공합니다. 기업들은 기술개발과 관련된 다양한 정보를 얻을 수 있으며, 기술보증기금의 전문가들과 상담을 통해 기술개발에 대한 도움을 받을 수 있습니다.

기술보증기금은 중소기업과 중견기업의 기술개발과 혁신을 지원하기 위해 다양한 프로그램을 운영하고 있습니다. 기업은 해당 기금의 지원 프로그램을 활용하여 기술적인 위험을 완화하고 자금을 조달하여 기술개발을 진행할 수 있습니다.

1. 보증 이용 안내

1) 보증이용절차

◎ 보증제도란?

보증제도는 담보능력이 미약한 기업이 보유하고 있는 무형의 기술을 심사하여 우리 기금이 기술보증서를 발급하여 드림으로써 금융기관 등으로부터 자금을 지원받을 수 있는 제도입니다. 따라서 우수한 기술력을 바탕으로 건전한 기업활동을 통하여 성실하게 노력하시는 기업은 저희 기술보증기금을 이용함으로써 자금조달에 따르는 담보문제를 손쉽게 해결할 수 있으며 저희 기술보증기금과 더불어 성장할 수 있을 것입니다.

01. 보증신청	취급자 : 신청기업
	인터넷 (홈페이지내 디지털지점)에서 신청
	– 회원가입, 보증신청내용 입력, 고객정보 활용 동의서 작성, 온라인 자료제출 (상담참고자료) 등
	– 영업점 방문을 통해서도 신청 가능
02. 상담	취급자 : 영업점 평가담당자
	고객과의 상담을 통하여 기술사업내용, 보증금지ㆍ 제한 해당여부 등을 검토하여 진행 계속 여부 결정 및 서류 준비 안내
	– 기술력사전점검 체크리스트를 통하여 기술사업의 주요 내용 파악
03. 접수/조사 자료 수집	취급자 : 신청기업, 영업점 평가담당자
	고객이 직접 디지털지점의 온라인 자료제출시스템(스크래핑) 또는 영업점 방문을 통해 제출(사전동의 시 기금 직원 수집)
	– 기술사업계획서 등은 별도 제출

04. 기술평가/조사	취급자 : 영업점 평가담당자 신청기업으로부터 수집한 자료 등을 예비검토 후 현장평가 실시 – 기술개발 능력, 제품화 능력, 생산 능력 및 경영상태, 자금상태 등을 확인
05. 심사 · 승인	취급자 : 영업점 심사 및 평가담당자 기업의 기술력, 사업전망, 경영능력, 신용상태 등을 통합적으로 검토 후 승인
06. 보증 약정	취급자 : 신청기업, 영업점 평가담당자 디지털지점에서 전자약정 체결 또는 영업점 방문하여 서면약정 체결 – 전자약정 체결시 보증금액, 보증기간 등 약정내용 확인 후 약정서 등에 전자서명, 약정서류 등은 보증서발급 이후 고객 이메일로 수령
07. 보증서 발급	취급자 : 신청기업, 영업점 평가담당자 보증서 발급 및 신청기업의 보증료 수납 이후 채권기관에 전자보증서 발송

2) 보증신청자격

◎ 신청자격 해당기업

- 신기술사업을 영위하는 중소기업
- 중소기업 이외의 기업으로 신기술사업을 영위하는 총자산액이 5천억 원 미만인 기업
- 산업기술연구조합
  - 상기대상기업 중 "은행업감독규정"에 의한 주채무계열 소속기업 및 「독점규제 및 공정거래에 관한 법률」에 따른 상호출자제한기업집단 소속기업은 보증대상에서 제외됩니다.
  - 다만, 기업 구매자금대출, 기업구매전용카드대출 및 무역금융에 대한 보증에 대하여는 상위 30대 계열기업군 소속기업만 제외됩

니다.

3) 중점지원 대상기업

◎ 기술혁신선도형 중소기업이란?

- 기술력이 있고 미래 성장 가능성이 높은 차세대 핵심기업 및 신기술의 채택이나 기술혁신으로 경쟁력을 확보하여 기술혁신을 선도·파급하는 기업 또는 성장할 가능성이 높은 기업을 의미
- 우리 기금의 중점지원 대상기업으로 보증심사방법 등에서 우대하여 보다 손쉽게 보증지원 받을 수 있는 기업

◎ 대상기업

- 벤처 · 이노비즈기업
- 다음 업종 영위기업 중 기술사업평가등급 B 이상인 기업
- 자세히보기
  - 10대 차세대 성장동력산업
  - 미래성장유망산업(6T)
  - 조세특례제한법 시행령에 따른 기술집약산업
  - '혁신성장 공동기준'에 따른 혁신성장산업
  - 산업통상자원부 발표 '그린에너지산업 발전전략' 관련산업
  - 신에너지및재생에너지개발 · 이용 · 보급촉진법 등에서 정하고 있는 신 · 재생에너지 관련산업
  - 기후 · 환경산업 등 영위기업 (한국환경산업기술원 환경정책자금

융자승인받은 기업 포함)
- 부품·소재전문기업등의 육성에관한 특별조치법에 따른 부품·소재업종
- 혁신형 지식서비스산업 및 선도콘텐츠산업
• 기술인증 획득기업
• 기술개발사업 수행기업 또는 기술력 인정기업
• 기술관련상 수상기업

4) 기보 전담보증 영역

우리 기금은 보증업무 특화 및 중복보증 해소를 위해 보증기관 간의 전담보증영역을 설정하여 운영하고 있습니다.

1 신용보증기금과는 [보증업무 특화 및 중복보승 해소를 위한 업부협약:05년 12월]이 체결되어 양 기금 간의 전담보증영역이 아래와 같이 설정되었습니다.
2 지역보증재단 이용 기업은 벤처기업, 이노비즈기업, 기술혁신선도형 기업으로 기보의 신규보증 지원이 필요한 경우에 한해 기보에서 보증을 지원하고 있습니다.

① 벤처기업 또는 INNO-BIZ기업은 기보에서 전담하여 보증지원하고 있습니다.

구분	전담영역 운용
가. 기보 또는 신보의 보증거래가 없는 기업	기보에서만 보증가능
나. 기보만 거래 중인 기업	기보에서만 보증가능
다. 기보와 신보에 동시 거래 중인 기업	기보에서만 보증가능
라. 신보만 거래 중인 기업(단, 창업 후 5년내이고 기보가 기술평가보증을 한 경우)	신보와 계속거래 가능(단 신보에서 기보로 수관한 보증에 한하여 기보 거래가능)

② 창업 5년 이내 기술혁신선도형기업(벤처기업, INNO-BIZ기업 이외)에 대해서는 우리 기금의 기술평가보증을 우선 적용합니다.

구분	전담영역 운용
가. 기보가 먼저 기술평가보증하고 있는 기업	기보에서만 보증가능
나. 신보가 먼저 보증하고 있던 기업(단, 이들 기업에 대해 기보가 기술평가보증을 지원할 경우)	신보와 계속거래 가능(단 신보에서 기보로 수관한 보증에 한하여 기보 거래가능)

③ 일반보증(비신기술사업자에 대한 보증)은 신보가 전담합니다.

구분	전담영역 운용
기보 단독거래 또는 기보.신보 동시 거래기업	신보에서만 보증가능, 기보의 보증은 모두 신보로 이전

1) 문화콘텐츠산업 보증 개요

◎ 문화콘텐츠 제작 단계별 연계지원

- 개요
  - 문화콘텐츠 제작사가 문화콘텐츠 제작에 필요한 자금을 원활하게 조달할 수 있도록 프로젝트 전 과정(기획→사업화)에 걸친 보증지원

- 기획자금 : 콘텐츠 기획, 개발, 준비단계에 필요로 하는 자금을 지원
  - 유통계약(또는 선판매계약) 체결前 콘텐츠의 경우, 고부가서비스 프로젝트보증(최대10억 원, 제작비의 20% 이내)으로 지원

- 제작/사업화자금 : 콘텐츠 제작, 사업화에 필요한 자금을 지원
  - 유통계약(또는 선판매계약) 체결後 콘텐츠의 경우, 문화산업완성 보증(최대50억 원, 제작비의 70% 이내)으로 지원

문화콘텐츠 제작단계별 연계지원 체계도

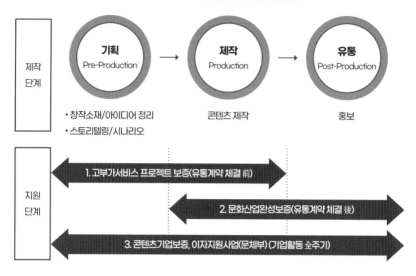

유통계약(또는 선판매계약)의 유형(예시)

* 유통계약은 제작 예정인 문화콘텐츠에 대하여 제작사와 유통사 간 권리 · 의무 · 대가 등이 명시된 문서로서, 문화콘텐츠 특성에 따라 구체적 명칭은 달리 운용

2) 성과공유형 문화산업완성보증

◎ 개요

- 문화콘텐츠 제작역량 및 사업성 등이 양호한 기업에 대하여 우선상 환조건을 생략하는 대신, 투자자와 동등한 조건으로 완성보증 대출을 상환하고, 위험인수(Risk-taking)에 상응하는 수익금을 수납(성과보증료)하는 문화산업완성보증 상품

◎ 주요내용

- 지원대상 : 아래의 요건을 충족하고, 기타 신용도 유의 등 미저촉
  - 전반적인 기업 역량이 양호한 기업: 기술사업평가등급 및 재무등급 BB 이상
  - 문화콘텐츠의 성공 가능성이 높은 기업: 기술사업평가등급 BBB 이상

- 성과보증료 : 최대 수납한도는 문화산업완성보증금액의 10% 이내
  - 제작원금 회수 후 잔여 수익금에서 제작자 창작기여도(40%)를 우선인정하고, '투자자 등'* 수익금(60%)에서 완성보증 지원비중에 해당하는 수익금의 60% 수취
  * 투자자, 완성보증, 제작자 자기자금 등

- 취급영업점 : 문화콘텐츠금융센터

3) 고부가서비스 프로젝트보증

◎ 개요

- 문화콘텐츠 제작 등 고부가서비스 용역 수행기업이 소요예산 범위내에서 용역공급(프로젝트)을 완수할 수 있도록 필요한 자금에 대하여 보증을 지원하는 제도

◎ 주요내용

- 지원대상
  - 혁신형 지식서비스산업과 선도콘텐츠산업 영위기업 중 고부가서비스 용역공급계약을 체결하였거나 체결이 예상되는 기업

  * 방송, 영화 등 10개 장르 영위기업은 유통계약 前이라도 "문화콘텐츠금융센터"에서 전담취급하고, 그 외에는 기술보증기금 전국 영업점에서 취급(1544-1120)

혁신형 지식서비스 산업	선도콘텐츠산업
• 소프트웨어개발 및 공급업 • 컴퓨터 프로그래밍, 시스템 통합 및 관리업 • 연구개발업/전문디자인업/기타 과학기술 서비스업 • 교육지원 서비스업 • 창작, 예술 및 여가관련 서비스업 등 • 전시, 컨벤션 및 행사 대행업 • 전자상거래 소매업 및 중개업	• 게임산업/공연산업/광고산업 • 방송산업 • 음악, 영화, 비디오, 애니메이션산업 • 정보서비스산업 • 출판산업/캐릭터산업

3. 재기지원보증제도

1) 재도전 재기지원보증

우수한 기술력과 건전한 기업가 정신을 갖춘 실패한 경영자(기보 단독 채무자)가 영위하는 기업에 대해 채무조정(또는 회생지원보증)과 함께 신규보증을 지원하는 제도입니다.

◎ 사업개요
• 기보에 구상채무를 부담하는 단독채무자의 채무부담 완화를 위한 채무조정과 재기를 위한 신규자금을 함께 지원

◎ 지원대상
• 기보 단독채무자인 기업으로 실패기업*(기보 구상채무를 변제하지 못한 기업), 실패기업의 연대보증인 또는 실패기업(개인사업자)이 신규보증 신청기업의 대표자인 기업

  * 공공정보가 해제된 공적 채무조정 절차 진행기업 포함(회생절차 종결기업, 신용회복위원회 신용회복지원절차 확정자)

◎ 지원내용
• 최대 75~90% 채무조정*(또는 회생지원보증)+재기자금지원을 위한 신규보증

  * 우수기술기업(기술사업평가등급 BBB 이상) 등은 최대 90%까지 감면

◎ 기술평가료

- 무료

◎ 지원기준

- 정상영업 중인 기업*을 대상으로 아래 절차를 통해 지원

  * 취급제한: 휴업 중인 기업, 타기관 신용관리정보 보유, 금융부조리기업 등

2) 재창업 재기지원보증

사업실패로 다중 채무를 짊어진 실패기업인이 실패를 기반으로 다시 한번 사업에 도전(재창업)할 수 있도록 기보와 유관기관이 협업으로 채무조정과 신규보증을 지원하는 제도입니다.

◎ 사업개요

- 다중채무자의 채무부담 완화를 위한 신용회복위원회의 채무조정과 기보 · 신보 · 중진공 협업으로 재창업 신규자금 지원

◎ 지원대상

• 중소기업 중 휴업, 폐업 등 기타 사유로 사업을 계속할 수 없는 개인
사업자 및 법인의 보증채무를 부담하였던 대표이사 및 실제경영자

◎ 지원내용

• 최대 75% 채무조정 + 재기자금 지원을 위한 신규보증*

  * 기관별 책임비율: 기보 / 신보 / 중진공 = 40% / 40% / 20%

◎ 기술평가료

• 무료(기보가 평가기관인 경우)

◎ 지원기준

• 채무조정절차를 정상적으로 진행 중인 자가 개인사업자 또는 법인
대표이사인 기업*을 대상으로 아래 절차를 통해 지원

  * 재창업일로부터 경과기간이 7년 이내 또는 창업을 준비 중인 기업 限

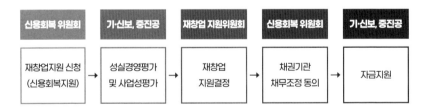

신용회복 위원회 → 가·신보, 중진공 → 재창업 지원위원회 → 신용회복 위원회 → 가·신보, 중진공

재창업지원 신청 (신용회복지원) → 성실경영평가 및 사업성평가 → 재창업 지원결정 → 채권기관 채무조정 동의 → 자금지원

◎ 시행주체

- 신용회복위원회(신청 접수, 채무조정 주관), 기술보증기금 · 신용보증기금 · 중소벤처기업진흥공단(평가, 자금지원)

3) 채무조정완료자 보증

법적 변제책임이 소멸한 채무조정완료자*를 대상으로 한 보증

* 파산면책자, 회생절차 완료자, 신복위 변제완료자, 구상권매각 후 변제완료자

◎ 지원내용

- 사업영위를 위한 신규자금을 지원
- 다만, 성실 상환자와의 형평성 문제와 채무자의 도덕적 해이 방지를 위하여 도덕성심의위원회를 통해 엄격한 도덕성 · 사업성 평가 병행

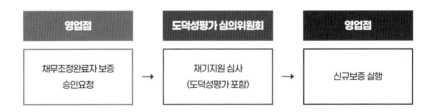

영업점	도덕성평가 심의위원회	영업점
채무조정완료자 보증 승인요청 →	재기지원 심사 (도덕성평가 포함) →	신규보증 실행

3장 | 중소벤처기업진흥공단

중소벤처기업진흥공단(https://www.kosmes.or.kr)은 한국의 중소기업 및 벤처기업을 지원하기 위해 설립된 공공기관입니다. 주요 목표는 중소기업 및 벤처기업의 경쟁력 강화와 혁신 성장을 촉진하는 것입니다. 중소벤처기업진흥공단은 다양한 지원 프로그램과 서비스를 제공하여 기업의 창업, 성장, 기술개발, 해외진출 등을 지원합니다.

다음은 중소벤처기업진흥공단의 주요 역할과 제공하는 지원 프로그램에 대한 정보입니다.

중소기업 및 벤처기업 지원

중소벤처기업진흥공단은 중소기업 및 벤처기업의 창업, 성장, 경영 개선을 지원합니다. 이를 위해 자금지원, 기술지원, 인력지원, 시장진출 지원 등 다양한 지원 프로그램을 운영하고 있습니다.

창업지원

신규 창업자들을 위해 창업기업 육성 프로그램, 창업기술보증, 창업멘토링, 창업아카데미 등의 지원을 제공하여 창업 성공률을 높이고 기업의 초기 성장을 지원합니다.

성장지원

성장 잠재력이 있는 중소기업과 벤처기업을 대상으로 성장을 위한 자금, 기술, 인력 등의 다양한 지원을 제공합니다. 예를 들어, 성장성과 기술력이 인증된 기업에 대해 기술개발 지원, R&D 혁신 지원, 글로벌시장 진출 지원 등을 제공합니다.

해외진출지원

중소기업과 벤처기업의 해외진출을 지원하고 글로벌 시장 진출을 돕습니다. 해외시장 탐색, 해외네트워킹, 해외진출 컨설팅, 해외기술제휴 등의 프로그램을 운영하여 기업의 글로벌 경쟁력을 향상시킵니다.

기술지원

중소벤처기업진흥공단은 기업의 기술개발을 지원하기 위해 기술연구소와 협력하여 기술지원 프로그램을 제공합니다. 기술개발 지원, 기술인력 양성, 기술 이전 및 공유 등의 활동을 통해 기술적인 경쟁력을 강화합니다.

중소벤처기업진흥공단은 중소기업 및 벤처기업의 경쟁력 강화와 혁신 성장을 위해 다양한 지원을 제공하고 있으며, 기업들은 해당 기관의 프로그램과 서비스를 활용하여 성장과 발전을 이룰 수 있습니다.

1. 정책자금융자

1) 사업개요

◎ 지원규모

- 융자(4조 5,469억 원), 이차보전(7,970억 원)
- 기업 성장단계별 특성과 정책목적에 따라 5개 세부 자금으로 구분하여 운영

창업기	지원방향 ・ 창업 및 시장진입 ・ 성장단계 디딤돌
	지원사업 ・ 혁신창업사업화 : 창업기반지원, 개발기술사업화 ・ 긴급경영안정자금 : 일시적애로및재해/일반경영안정지원
성장기	지원방향 ・ 성장단계진입 및 지속성장
	지원사업 ・ 신성장기반 : 혁신성장지원, Net-Zero 유망기업 지원, 제조현장스마트화, 스케일업금융 ・ 신시장진출지원자금 : 내수기업의 수출기업화, 수출기업의 글로벌기업화
재도약기	지원방향 ・ 재무구조개선 ・ 정상화/퇴출/재창업
	지원사업 ・ 재도약지원 : 사업전환(무역조정) / 재창업 / 구조개선전용

◎ 융자한도 및 금리

- 융자한도
  - 개별기업당 융자한도는 중진공 정책자금 대출 잔액과 신규 대출 예정액을 합산하여 기업당 60억 원 이내(수도권을 제외한 지방소재기업은 70억 원)
  - 다음의 잔액기준 한도 예외 적용의 경우에도, 최대 100억 원 이내에서 지원
    - 사업별 우대 : 100억 원
    협동화 · 협업사업 승인기업 지원자금 · 제조현장스마트화자금
    긴급경영안정자금 · 사업전환 및 사업재편 승인기업에 대한 사업전환자금

- 융자방식
  - 중진공에서 융자신청 · 접수하여 융자대상 결정 후, 중진공(직접대출) 또는 금융회사(대리대출)에서 신용, 담보부 대출
  - 단, 보증서담보는 재창업자금 중 '신용회복위원회 재창업지원'에 대해서만 취급가능

2) 융자절차

◎ 정책자금융자체계도

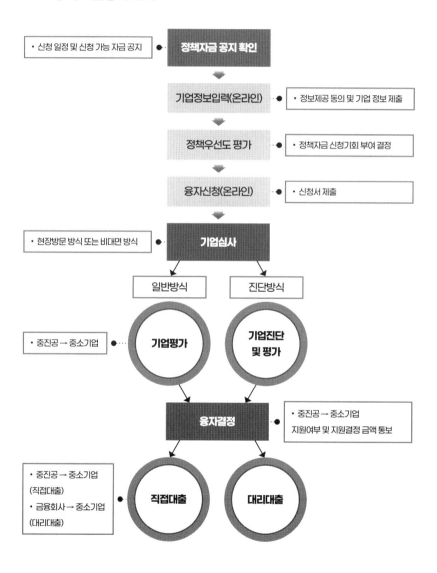

◎ 융자절차

① 융자 신청 · 접수

- **중소기업 정책자금 온라인 신청(회원가입 후 진행)**

융자 절차는 온라인 기업정보입력 → 정책우선도 평가 → 정책우선도 평가 결과 안내 → (신청권한 부여기업) 융자신청서 작성 → 기업심사 → 지원여부 결정 → (지원승인기업) 대출순으로 진행됩니다.

① 정책우선도 평가란 정책자금 신청 희망기업에 기회를 확대하기 위해 모집기간 내 전수(全數)접수를 하는 대신 우리 지역본(지)부의 실태조사 예정량보다 신청량이 많은 경우에 한하여 정책 방향 등을 고려한 정책우선도 평가를 통해서 우선검토를 하는 제도입니다.

② 정책우선도 평가 지표는 정책방향을 고려하여 9개 지표로 구성됩니다.

① 혁신성장분야, ② 첫거래 기업, ③ 고용창출실적, ④ 고용유지활동(인재육성, 가족친화, 내일채움), ⑤ 최근 3년내 지식재산권, ⑥ 기술경영혁신 분야(융자공고 참고 11 중 16개 분야), ⑦ 직접 수출실적, ⑧ 정부정책 우대기업(융자공고 별표 3 중 중기부인증 분야), ⑨ 성장잠재력 AI평가

※ 특별재난지역 소재 재해중소기업은 수시 접수 가능(지역본(지)부 문의)

- **정책자금 신규 온라인 신청 유의사항**

  – 정책자금 온라인 신청은 접수기간(매월 3주차 예정) 마감기한 전 STEP 6 최종신청서 제출을 완료하여야만 접수되므로 주의해 주시기 바랍니다.

  – 마감일 오후에는 신청이 몰릴 것으로 예상되므로 마감일 17시 이전

에 신청시스템 STEP2(신용정보 동의)까지 접속 및 진행을 해주셔야 하며, 18시까지 제출을 완료해 주시기 바랍니다.
- 심야 시간에는 외부기관 정보의 연동이 원활하지 않을 수 있으니 양해해 주시기 바랍니다.
- 허위 및 오기 입력 등이 있을 경우 신청에 불이익을 받으실 수 있습니다.

• 융자신청서 작성 유의사항
- 융자신청서 작성 기회를 부여받은 기업의 경우 지정된 신청(접수) 기한 내에 정책자금 융자신청서를 작성하여 온라인 신청(신청서 업로드)을 완료하여야 합니다.
- 신청기회 부여 통보를 받은 일로부터 한 달 이내 온라인 신청(신청서 업로드) 가능
- 신청(접수)기한까지 온라인 신청(신청서 업로드)을 완료하지 않은 경우, 신청 의사가 없는 것으로 간주되어 신청기회는 자동 소멸됩니다.

② 융자대상 결정

• (기업평가) 기술성, 사업성, 미래성장성, 경영능력, 사업계획 타당성 등을 종합 평가하여 기업평가등급(Rating)을 산정
(단, 재창업자금 중 신용회복위원회 재창업지원 대출은 별도기준으로 운영)

– 고용창출 및 수출실적 등을 기업평가 지표에 반영하여 우대

• **(융자대상 결정)** 기업평가 결과 일정 평가등급 또는 일정기준 이상인 기업을 대상으로 융자여부 결정

4) 융자방식

◎ 직접대출

• 중진공이 직접 기업에 정책자금 융자

◎ 대리대출

• 은행을 통해 기업에 정책자금 융자

* (대리대출 취급 은행, 15개) 경남, 광주, 국민, 대구, 부산, 신한, 우리, 전북, 제주, 하나, SC제일, 기업, 산업, 농협(중앙회), 수협(중앙회)

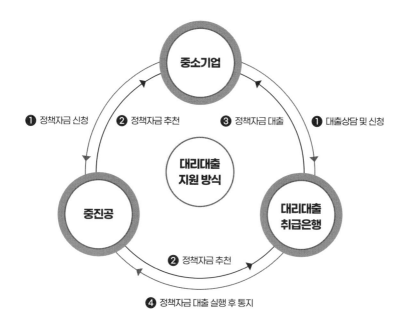

◎ 성장공유형

- 융자에 투자요소를 복합한 방식으로 성장가치가 큰 중소 · 벤처기업
  이 발행한 전환사채 등을 중진공이 인수

구분	중소기업	중진공	중소기업·중진공	중진공
	①	②	③	④
성장 공유형	정책자금 신청	기술·사업성 평가 투자심의위원회	전환사채 약정 및 인수 정책자금 대출	전환권 행사

5) 세부사업

◎ 혁신창업사업화자금

우수한 기술과 사업성은 있으나 자금이 부족한 중소, 벤처기업의 창업을 활성화하고 고용창출을 도모하는 사업입니다.

- 신청대상

창업기반지원, 개발기술사업화 자금으로 구분

- 창업기반지원

「중소기업창업 지원법」제2조에 따른 창업자(업력 7년 미만, 예비창업자 포함)이며, 동법 제25조에 따른 신산업 창업 분야의 중소기업은 사업 개시일로부터 10년 이내인 기업

* (업력산정) 사업개시일로부터 정책자금 융자신청서 제출일까지

① 청년전용창업자금
- 대표자가 만 39세 이하로서 업력 3년 미만인 중소기업 또는 중소기업을 창업하는 자
② 창업기반지원자금(대환대출)
- 제1,2금융권 고금리(연 7% 이상) 대출을 성실상환 중인 기업

- 대상

다음에 해당하는 기술을 사업화하고자 하는 중소기업

* 단, 제품 양산 후 3년이 경과한 기술은 제외(초격차(참고1-1) 분야 기술은 5년)

① 중소벤처기업부, 산업통상자원부 등 정부 또는 지자체 출연 연구개발사업에 참여하여 기술개발에 성공(완료)한 기술

② 특허, 실용신안 또는 저작권 등록 기술

③ 정부 및 정부 공인기관이 인증한 기술

* 신기술(NET), 전력신기술, 건설신기술, 녹색기술인증, 공공기관 통합기술마켓 인증 등

④ 국내외의 대학, 연구기관, 기업, 기술거래기관 등으로부터 이전 받은 기술

⑤ 「기술의 이전 및 사업화 촉진에 관한 법률」에 따른 기술평가기관으로부터 기술평가인증을 받은 기술

⑥ 공인 기업부설연구소 및 연구개발전담부서 보유 기업이 개발한 기술

⑦ 중소벤처기업부가 인가한 기관과 기술자료 임치계약을 체결한 기술

⑧ 특허청의 IP—R&D 전략지원 사업에 참여하여 개발을 완료한 기술

⑨ Inno—Biz, Main—Biz, 벤처기업, 지식재산경영인증 기업 보유기업의 자체 기술

⑩ 크라우드펀딩 투자 유치 기업(1억 원 이상)의 자체 기술

⑪ 혁신제품 지정증서 보유기업이 개발한 기술

⑫ 대스타 해결사 플랫폼 최종 선정 창업기업 선정기술

◎ 신시장진출지원자금

중소기업이 보유한 우수 기술·제품의 글로벌화 촉진 및 수출인프라 조성을 위한 생산설비 자금을 지원하여 기술기반 수출 중소기업을 육성하는 사업입니다.

• 지원대상

내수기업 수출기업화, 수출기업 글로벌화 자금으로 구분

◎ 신성장기반자금

사업성과 기술성이 우수한 성장유망 중소기업의 생산성 향상, 고부가
가치화 등 경쟁력 강화에 필요한 자금을 지원하여 성장동력을 창출하는
사업입니다.

• 지원대상

혁신성장지원(협동화 포함), 스케일업금융, Net-Zero 유망기업지원,
제조현장스마트화 자금으로 구분

• 혁신성장지원
  - 업력 7년 이상 중소기업
    * (이차보전) 최근 3년 이내 시설을 도입한 업력 7년 이상 중소기업
  - 혁신성장지원자금 內 다음 지원대상을 위한 자금 별도 운용
    ① 3개 이상의 중소기업이 규합하여 협동화실천계획의 승인을 얻
       은 자
    ② 2개 이상의 중소기업이 규합하여 협업사업계획의 승인을 얻은
       자

• 지원방식
  - 중소벤처기업진흥공단 각 지역본(지)부에서 신청·접수하여, 중소
    벤처기업의 신규발행 회사채 등을 기초자산으로 자산유동화증권
    발행을 통해 자금지원
  - 3년 만기·고정금리(발행시점 시장상황 및 신용등급별 차등)로 지

원하며, 기업당 발행한도는 150억 원(잔액기준)

• 지원조건

지원대상	▣ 「중소기업기본법」상 중소기업으로 신용평가 일정등급 이상인 기업(회차별 공고 참조) －「주식회사 등의 외부감사에 관한 법률」에 따른 외부감사 수감기업
중소기업 회사채 발행개요	• 발행예정금액 : 예산범위 내에서 회차별 조정 • 발행형태 : 일반사채(SB), 신주인수권부사채(BW), 전환사채(CB) • 만기 및 상환조건 －SB : 1년말 20% , 2년말 20%, 3년말 60% / 이자납입 : 발행시점 총 이자 선취 －BW, CB : 1년말 20% , 2년말 20%, 3년말 100% / 이자납입 : 분기별 후급 • 신용등급별 발행금리 : 발행시점 시장상황에 따라 변동 * 발행금리는 발행기업의 2개 신용평가회사 회사채 신용등급 중 하위등급을 적용 • 기업당 발행한도 : 150억원(잔액기준)
발행구조	
기타조건	• 신용등급이 없는 기업도 신청 가능(신용등급은 기업 심사과정에서 부여) • 기업 심사과정을 통해 지원금액이 신청금액에 미치지 못할 수 있음 • 기업심사시 중진공 외 신용공여기관, 신용평가사, 회계법인 등에서 별도의 자료요청이 있음

• 신청기업은 신용평가사 신용등급 및 투자위원회의 선정심사 결과에 따라 회사채 발행여부 및 규모의 변동이 있을 수 있음 • 연대보증입보 없음. 단, 발행기업의 실질기업주 및 법인대표는 투명경영이행약정을 체결 • 참여기업 비용부담: 신용평가수수료, 주관증권사 인수수수료 및 채권등록수수료 등   * 신용평가수수료는 기업선정 탈락 및 발행취소시에도 반환되지 않음 • 금융시장 환경 및 발행기업, 투자자 모집이 원활하지 않을 경우 발행이 연기 또는 취소될 수 있음

◎ 재도약지원자금

사업전환지원사업

외부 경영환경 변화로 어려움을 겪고 있는 중소기업의 사업전환을 촉진하여 경쟁력을 강화하는 사업입니다.

• 사업목적

경영여건 변화로 인해 현재 영위 업종에서 새로운 업종으로의 전환을 모색하는 중소기업을 대상으로 자금, 컨설팅, R&D 등을 연계 지원하여 경쟁력 강화와 산업구조의 고도화 촉진

• 사업전환의 정의 및 유형

경제환경의 변화로 어려움을 겪는 기업이 경쟁력 강화를 위해 새로운 업종의 사업에 진출하는 것

* 별도 기업을 설립하여 새로운 사업을 개시하는 창업과는 구별됨

• 사업전환의 유형 및 성공기준

업종전환	– 내용 : 현재 영위업종 사업 폐기 → 새로운 업종으로 전환 – 성공 : 사업전환계획 이행기간 중 신규업종의 매출액이 전체 매출액의 30% 이상을 차지하거나 신규업종의 종업원수가 전체 종업원의 30% 이상을 차지
업종추가	– 내용 : 현재 영위업종 규모(매출 또는 상시근로자) 축소 또는 유지 → 새로운 업종 추가 – 성공 : 사업전환계획 이행기간 중 신규업종의 매출액이 전체 매출액의 30% 이상을 차지하거나 신규업종의 종업원수가 전체 종업원의 30% 이상을 차지

무역조정지원사업

FTA 체결로 발생한 무역피해 극복을 지원하는 사업입니다.

• 사업목적

FTA 이행에 따른 수입증가로 무역피해를 입었거나 입을 것이 확실한 중소기업에 융자 및 컨설팅을 통한 경쟁력 회복 지원

• 지원대상

FTA체결 상대국*으로부터의 수입증가로 무역피해를 입은 기업으로서 제조업 또는 서비스업을 2년 이상 영위하면서 아래의 기준을 충족하는 기업

* 16개 협정(총 57개국): 칠레, 싱가포르, EFTA, ASEAN, 인도, EU, 페루, 미국, 터키, 호주, 캐나다, 중국, 베트남, 뉴질랜드, 콜롬비아, 중미(2019.12월말 기준)

① 전체 매출액(생산량)과 피해품목(생산량)의 매출액 감소

	피해인정기간
	지정신청일 이전 2년 이내 발생
무역피해를 입었을 경우	**피해정도 및 비교시점**
	– 6개월 또는 1년간의 총매출액 또는 생산량이 그 직전년도 동일기간과 비교하여 10% 이상 감소
	– 또는 영업이익, 고용, 가동률, 재고 등을 종합적으로 고려한 상기 피해 에 상당하는 것으로 인정되는 경우
	피해인정기간
	지정신청일 이후 1년 이내 발생
무역피해를 입을 것이 확실한 경우	**피해정도 및 비교시점**
	– 6개월 또는 1년간의 총매출액 또는 생산량이 그 직전년도 동일기간과 비교하여 10% 이상 감소가 예상되는 경우
	(단, 영업이익, 고용, 가동률, 재고 등의 변화를 종합적으로 고려함)

* 경영안정 및 경쟁력 확보 상담지원(컨설팅)은 5% 이상 감소(예상)되는 경우

② FTA체결 상대국으로부터 주생산품목과 동종 또는 대체 가능한 제품(서비스)의 수입 증가

동종 또는 대체가능한 제품 (서비스)	• 판단기준 : 용도, 유통경로, 물리적특성(구성요소), 품질, 관세품목분류 번호(HS코드), 대체사용가능성 등 • 기업 생산물품과 수입물품이 동종 또는 직접적 경쟁상품일
수입 증가	• 관세품목분류번호(HS코드) 6~10단위 기준 • 해당 HS코드의 관세율이 FTA발효에 따라 인하 또는 철폐될 것 • 수입량이 FTA체결후 10% 이상 추세적으로 증가할 것

• **지원절차**

 – 무역조정지원기업 지정(융자 · 컨설팅)

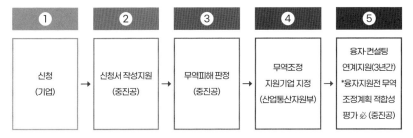

* 컨설팅은 사전진단 및 수행계획 적합성 평가를 거쳐 지원 대상 선정

– 경영안정 및 경쟁력 확보 상담지원(컨설팅)

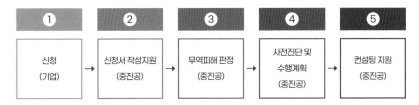

• **지원내용**

– 융자지원

[신청대상]

FTA체결 상대국으로부터 무역피해가 인정되어 무역조정지원기업으로 지정받은 기업

* 융자신청은 산업통상자원부의 무역조정지원기업 지정일로부터 3년 이내

─융자범위

[시설자금]

- 생산설비 및 시험검사장비 도입 등에 소요되는 자금
- 정보화 촉진 및 서비스제공 등에 소요되는 자금
- 공정설치 및 안정성평가 등에 소요되는 자금
- 유통 및 물류시설 등에 소요되는 자금
- 사업장 건축자금, 토지구입비, 임차보증금
  * 토지구입비는 건축허가(산업단지 등 계획입지의 입주계약자 포함)가 확정된 사
    업용 부지 중 6개월 이내 건축착공이 가능한 경우에 한함
- 사업장 확보(매입, 경·공매)자금
  * 사업장 확보자금은 사업영위 필요에 따라 기업당 3년 이내 1회로 한정 지원

[운전자금]

  - 제품생산 비용 및 기업경영에 소요되는 자금

- 융자조건

[대출금리]

연 2.0% 고정금리 적용

[대출기간]

- 시설자금: 10년 이내(거치기간 5년 이내 포함)
  * 시설자금 신용대출은 거치기간 4년 이내
- 운전자금: 6년 이내(거치기간 3년 이내 포함)

[대출한도]

- 융자계획 공고 2.공통사항의 '개별기업당 융자한도' (운전자금은 연간 5억 원 이
  내)
  * 단, 수출향상기업(최근 1년간 직수출실적 50만불 이상이며 20% 이상 증가), 최

근 1년간 10인 이상 고용창출 기업, 최근 1년간 10억 원 이상 시설투자기업(금회 포함)의 운전자금은 연간 10억 원 이내

* 업종별 융자제한 부채비율 기준 예외 적용

－ 융자방식

중진공이 자금 신청 · 접수와 함께 기업평가를 통하여 융자대상 결정 후, 중진공(직접대출) 또는 금융회사(대리대출)에서 대출

◎ 긴급경영안정자금

경영애로 해소 등 긴급한 자금소요를 지원하여 중소기업의 안정적인 경영기반 조성

• 지원대상

긴급경영안정자금(재해중소기업지원), 긴급경영안정자금(일시적경영애로)로 구분

긴급경영안정자금(재해중소기업지원)

－ (대상) 「재해 중소기업 지원지침(중소벤처기업부 고시)」에 따라 '자연재난' 및 '사회재난'으로 피해를 입은 중소기업

* 시장 · 군수 · 구청장 또는 읍 · 면 · 동장이 발급한 「재해중소기업 확인증」 제출

※ 긴급경영안정자금(재해중소기업지원) 우대 사항

융자계획 공고 Ⅲ.유의사항(융자제한기업) ①항(휴·폐업기업), ②항(세금체납기업), ⑨항(부채비율초과기업), ⑫항(우량기업) 적용 예외(단, ①항(휴·폐업기업) 예외 적용의 경우 재해를 직접적인 원인으로 한 휴업, ②항(세금체납기업) 예외 적용의 경우 압류·매각의 유예에 한하며, 이태원 피해 중소기업은 ⑩항(한계기업) 적용 추가 예외)

특별재난지역에 소재한 주점업 中 식품위생법상 일반음식점, 단란주점에 해당하는 기업은 융자계획 공고 Ⅲ.유의사항(융자제한기업) ④(중소기업 정책자금 융자제외 대상 업종) 적용 예외

2. 중소기업 진단사업

1) 사업소개 및 지원내용

업종전문가가 진단을 통해 기업애로를 분석 후, 해결책을 제시하고, 애로 해결을 위한 정책사업을 연계지원

◎ 진단기업 신청절차

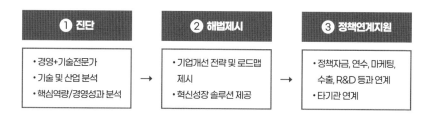

◎ 진단 및 개선로드맵 제시

경영 및 기술전문가가 중소기업 현장을 방문하여 경영환경, 기업역 량·문제점을 분석하고 기업애로 해결을 위한 개선 로드맵 및 실천계획 수립

※ 챌린지 진단은 고탄소 배출기업, 그린분야 기업, 디지털 전환 기업 을 대상으로 챌린지 미션(경영성과 KPI) 부여 후 미션 달성을 위해 종합 진단(3MD)과 함께 컨설팅 전문가를 활용한 집중 컨설팅(7MD)지원

◎ 정책사업 연계지원

기업진단을 기반으로 애로해결 또는 성장에 필요한 정책사업을 맞춤 연계추천하여 정책자금 지원기업의 지속성장을 견인

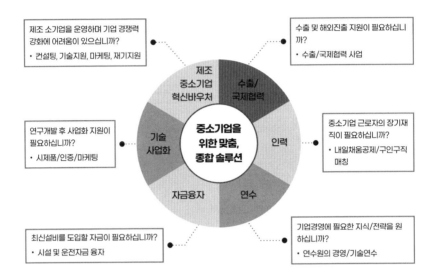

◎ 지원절차

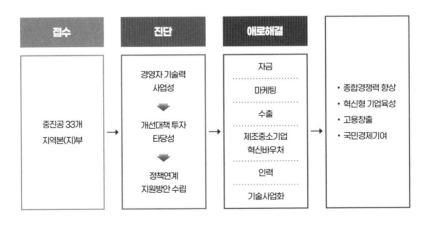

1) 소싱, 내수기업 수출기업화

◎ 사업개요

소싱, 내수기업 수출기업화사업은 수출기업 확대를 위해 수출유망내수기업 발굴부터 제품경쟁력 강화, 고객중심 서비스 3단계 맞춤 지원을 통하여 수출성공기업 확대에 목적을 두고 있습니다.

중소벤처기업진흥공단은 지역 수출지원센터 13개소(서울, 제주 등)에 79명의 현장전문가를 파견지원하고 있으며, 한국무역협회 등 유관기관 협업 및 협의회 구성, 국내 오픈마켓과 공동판매를 기획하여 수출유망제품을 발굴 지원합니다.

수출지원기업 전담관리제 시행을 통한 연계지원(자금, 인력사업) 등 후속지원을 강화하고, 온라인수출 애로해소센터와 수출바우처 민원안내센터 등 전문상담센터를 운영하여 중소벤처기업의 수출애로를 해소합니다.

◎ 대상사업

수출바우처사업, 글로벌비즈니스센터, 지역중소기업수출마케팅, 전자상거래수출시장 진출사업, 해외지사화사업, 글로벌협력기반 구축

2) 온라인 수출지원사업

◎ 주요 사업 소개
- 고비즈코리아 B2B 수출지원
  - 온라인수출플랫폼 상품페이지 등록에서부터 Seller's Store 구축, 홍보 동영상 콘텐츠 제작, 인플루언서 SNS 홍보 활동까지 기업 특성에 따라 맞춤형 마케팅 서비스를 지원합니다.
- 온라인 구매오퍼 사후관리
  - 해외바이어의 구매오퍼에 원활하게 대응하고 수출계약으로 이어질 수 있도록 유효 인콰이어리 검증, 수출계약서 검토 · 작성 등의 무역 실무를 체계적으로 지원합니다.
- 온라인 거래알선지원
  - 바이어 발굴이 어려운 수출초보기업을 위해 특정상품을 원하는 해외 바이어를 발굴하여 중소기업에 매칭하고 수출계약으로 이어질 수 있도록 전반적인 무역 실무를 지원합니다.

◎ 신청 · 접수
- 고비즈코리아(https://kr.gobizkorea.com)를 통한 온라인 신청

3) 사회적경제기업 우대사업추진

◎ 사업개요

중소벤처기업진흥공단은 사회적 경제 활성화를 위하여 사회적경제기업에 사업참여 기회확대 및 다양한 마케팅 제공으로 신규 판로개척 활동을 지원합니다.

사회적경제기업((예비)사회적기업, 마을기업, 자활기업 등)은 수출마케팅 사업선정시 우대선정되어, 전용관 운영을 통한 해외바이어 발굴 기회 획득과 마케팅 역량강화는 물론 온라인 시장진출, 수출BI에 입주기회가 제공됩니다.

또한, 지자체 및 유관기관과 협력하여 수출상담회 개최 및 무역사절단 파견지원하고, 홍보마케팅, 해외바이어매칭 및 수출품 생산비용을 위한 자금지원으로 지역 중소벤처기업의 수출을 체계적 관리합니다.

◎ 대상사업

수출바우처사업, 지역중소기업수출마케팅, 온라인수출지원사업

4) 수출바우처사업

수출기업에게 성장단계별로 바우처를 부여하고, 바우처를 부여받은 기업은 다양한 수출마케팅 서비스메뉴판에서 필요한 서비스 및 수행기

관을 직접 자유롭게 선택하여 수출마케팅을 진행하는 통합형 수출지원 사업입니다.

◎ 운영체계

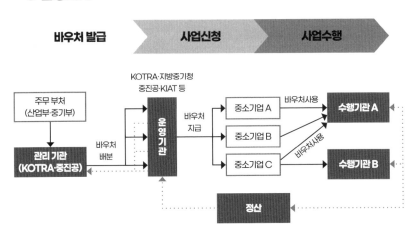

• 수출성장사다리

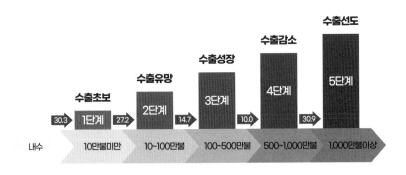

• 참여기업 바우처이용절차

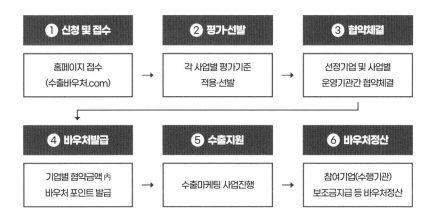

• 신청방법 및 문의

신청방법: 공고시 수출바우처시스템(www.exportvoucher.com)을 통한 온라인 접수

문의처: 중소벤처기업진흥공단 수출바우처안내센터: 055-752-8580

• 세부평가절차

각 세부사업 운영기관별 절차에 따라 평가

4장 신용보증재단

신용보증재단(https://www.koreg.or.kr/)은 한국의 중소기업과 중소 창업자들을 지원하기 위해 설립된 정부 지원기관입니다. 주요 목표는 중소기업의 자금난 해결과 금융기관으로부터 대출을 받기 어려운 중소기업 및 창업자들에게 대출보증을 제공하여 경영 안정화와 성장을 지원하는 것입니다. 신용보증재단은 중소기업의 경쟁력 강화와 안정적인 금융 환경 조성을 위해 다양한 보증 프로그램과 서비스를 제공합니다.

다음은 신용보증재단의 주요 역할과 제공하는 보증 프로그램에 대한 정보입니다:

대출보증

중소기업과 창업자들이 금융기관으로부터 대출을 받기 어려울 때, 신용보증재단은 대출금의 일정 비율을 보증하여 보증심사를 거친 기업들에게 대출을 지원합니다. 이를 통해 기업들은 보증을 통한 신용향상으로 대출을 받을 수 있으며, 자금난 해결과 경영 안정화에 도움을 받을 수 있습니다.

창업보증

신규 창업자들을 위해 창업자금 대출에 대한 보증을 제공합니다. 창업자들은 일정 비율의 보증을 받아 금융기관으로부터 창업자금을 대출받을 수 있습니다. 이를 통해 신규 창업자들은 자금 조달의 어려움을 해결하고 창업을 시작할 수 있습니다.

수출입보증

중소기업의 해외 수출 및 수입거래를 보증하는 프로그램을 제공합니다. 중소기업들은 수출입거래에서 발생하는 거래 위험에 대해 신용보증재단의 보증을 받아 안정적인 거래를 이룰 수 있습니다. 이를 통해 중소기업의 글로벌 시장 진출을 지원하고 수출입 활성화를 도모합니다.

자금지원 프로그램

신용보증재단은 중소기업들에게 자금지원 프로그램도 운영하고 있습니다. 예를 들어, 자금조달중개업무를 통해 기업들의 자금조달에 대한 도움을 제공하며, 금리지원 프로그램을 통해 중소기업들의 대출 이자 부담을 경감시켜줍니다.

신용보증재단은 중소기업과 창업자들에게 금융지원의 안정성을 제공하고, 자금난을 극복하고 성장을 이룰 수 있도록 다양한 보증 프로그램을 운영하고 있습니다. 이를 통해 중소기업의 경영 안정화와 경쟁력 강화를 지원하고 한국 경제의 발전에 기여하고 있습니다.

1. 신용보증제도

1) 신용보증제도란?

물적 담보력은 미약하나 사업성, 성장잠재력, 신용상태가 양호한 지역 소기업·소상공인 등의 채무를 보증하여 금융기관으로부터 원활하게 자금을 조달할수 있도록 함으로써 지역경제 활성화에 기여하는 제도입니다.

◎ 지역신용보증재단

「지역신용보증재단법」에 따른 전국 17개 신용보증재단이 소기업·소상공인 등이 금융회사 등에 대하여 부담하는 채무에 대한 신용보증 업무 등을 수행하고 있습니다.

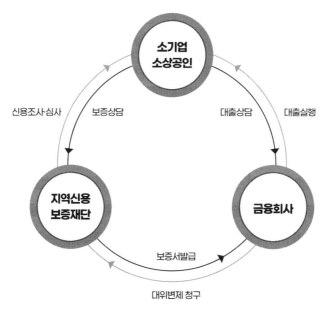

2) 신용보증대상

◎ 보증대상

• 사업자등록 후 영업중으로, 본사나 주사업장이 해당 지역신용보증재
  단의 관할지역 내에 소재하는 아래의 기업
  ①「중소기업기본법」제2조에 따른 중소기업
  ②「소상공인기본법」제2조에 따른 소상공인

◎ 보증금지기업

• 신용보증재단이 보증채무를 이행한 후 채권을 회수하지 못한 기업
  중 최종 보증채무이행일로부터 3년이 경과하지 아니한 기업
• 위 기업이 법인기업인 경우 과점주주와 무한책임사원이 영위하는 기
  업 또는 이들이 대표자로 되어 있는 개인기업

3) 신용보증절차

❶ 보증서상담 및 신청서 교부	❷ 서류접수	❸ 신용조사	❹ 보증심사 및 보증결정	❺ 보증심사 및 보증결정
사업장 소재지의 지역신용보증재단	신용보증신청서 등	사업장을 방문하여 신용상태·보증지원 타당성 조사	신청서류와 현장실사결과를 내부심사기준에 의해 심사하여 보증지원 여부 및 지원금액 결정	보증서 발급

◎ 보증한도

분야	내용	보증한도
운전자금	매출액 한도 적용의 경우 – 제조업·제조관련 서비스업 : 당기 매출액의 1/3~1/4이내 또는 최근 3~4개월 매출액 – 기타업종 : 당기 매출액의 1/4~1/6이내 또는 최근 2~3개월 매출액 소액의 경우 소상공인신용평가모형의 평가결과에 따른 보증한도 내	8억원 이내
시설자금	당해 시설의 소요자금 범위 내	

※ 위의 기준 외에도 보증신청 업체의 운영여부, 재무상태, 사업성, 신용도 등을 종합적으로 평가하여 보증한도사정 후 지원금액 결정

4) 보증용어해설

용어	해설
신용보증	기업이 금융회사로부터 자금의 대출을 받음으로써 금융회사에 대하여 부담하는 금전채무에 대하여 재단이 보증을 하는 것 [법률적 의미] 재단(보증인)과 은행(채권자) 간에 체결한 보증계약 [보증계약의 내용] 은행은 고객(채무자, 재단으로부터 보증지원을 받은 고객)에게 대출을 실행해 주고, 향후 고객이 동 대출을 연체하는 경우 보증인인 재단이 동 대출을 고객 대신 은행에 갚아 주는 것을 내용으로 함
일반보증	업무방법서 등 신용보증 관련 제규정에 따라 통상적으로 취급하는 신용보증

협약보증	금융회사·지자체 및 중소기업 지원기관 등으로부터 보증재원을 특별 출연 받고 동 출연금액의 운용배수에 해당하는 신용보증을 공급하기로 별도의 협약을 맺어 운영하는 신용보증
특례보증	정부가 특별한 정책목적(특정대상 지원, 경기활성화 등)을 달성하기 위하여 보증대상 및 취급기준 등을 정부(중소벤처기업부) 지침을 통해 따로 정하여 시행하는 신용보증
기보증회수보증	이미 취급한 보증을 회수하기 위하여 새롭게 취급하는 보증
기한연장(만기연장)	기존 보증서의 보증기한을 연장 (만기연장)하는 것을 의미함
구상채권	타인을 위해(대신하여) 변제를 한 사람이 그 타인에 대하여 가지는 반환 청구권. 즉, 재단이 대위변제를 한 경우 고객(채무자)에 대하여 구상채권 취득
개인신용평점	개인신용평가회사(Credit Bureau)가 개인의 신용정보를 수집한 후 통계적 방법으로 분석하여 향후 1년내 90일 이상 장기연체 등 신용위험 가능성을 수치화(1~1000점)하여 제공하는 지표(상환이력, 부채수준, 신용거래기간 등)
권리침해	재산에 "압류, 가압류, 가처분, 경매신청"이 있는 경우로, 보증심사시 제한사유에 해당
대위변제	보증채무이행. 재단으로부터 보증지원을 받은 고객이 은행에 대출을 연체하는 경우 위 보증계약에 따라 재단이 보증인의 지위에서 동 대출을 고객 대신 은행에 갚아 주는 업무로 재단에게 금전적 손실 초래
대출실행	대출약정에 의한 대출금의 지급(계좌입금 포함)을 의미
보증료	신용보증을 받은 업체로부터 그 보증금액에 대하여 업체의 신용도 등을 고려하여 최저 0.5%, 최고 2.0% 범위 내에서 차등 징수하는 수수료
보증비율	부분보증	보증서에 의해 담보되는 대출금에 대하여 보증기관과 금융회사가 일정한 비율로 책임을 분담하는 보증
	전액보증	보증서에 의해 담보되는 대출금에 대하여 보증기관이 전액 책임을 분담하는 보증

보증심사	신용조사를 통해 파악된 내용을 근거로 제 규정에서 정하는 바에 따라 기업의 신용상태를 종합적으로 검토하여 보증실행 여부를 판단하는 과정
보증사고	재단이 보증한 기업이 대출금연체, 신용도판단정보 대상자 등재 등의 사고사유로 신용상태가 악화되어 장차 대위변제할 개연성이 높은 상태
신용조사	조사대상 기업의 본사(또는 주사업장)을 방문하여 신용상태를 확인하는 단계의 조사 • 조사대상기업 파악 및 조사자료 누락, 위 · 변조등 파악 • 조사자료와 관련 증빙자료의 대사 · 확인 • 가동 및 영업상황, 자금상황, 대표자 경영능력 파악 등
신용보증조건	신용보증서에 명시된 채권자, 피보증인(채무자), 보증금액, 보증기한, 보증방법, 대출과목, 보증비율 및 보증특약을 의미
신용정보	금융거래 등 상거래에 있어서 거래 상대방의 신용을 판단할 때 필요한 정보로 신용거래주체의 거래내용, 신용도, 신용거래능력 등을 판단할 수 있는 정보(신용정보법 제2조)
신용도판단정보	연체정보, 대위변제 · 대지급정보, 부도정보, 금융질서문란정보, 관련인 정보 등(신용정보관리규약 제7조)
조건변경	이미 취급한 보증서의 보증조건을 일부 변경하는 것을 의미
자연채무	채무자가 채권자에 변제하지 않더라도 채권자가 강제로 그 지급을 청구할 수 없지만, 채무자가 임의로 이행하면 변제의 수령 할 수 있는 채무(예 : 면책된 채무)
재보증	신용보증재단중앙회가 재단의 보증채무 이행금액 범위 안에서 이를 보전하여 주는 것
재보증료	재보증금액에 대한 일정비율을 초과하지 않는 범위 내에서 재보증 기관에 납부하는 수수료
재보증비율	재보증기관이 재단의 보증에 대하여 책임을 분담하는 비율

5) 보증이용 유의사항

신용보증재단의 신용보증에 대해서 「지역신용보증재단법」 제27조(보증료 등)에 따른 일정 요율의 보증료 등을 납부하여야 합니다.

◎ 보증료

「지역신용보증재단법 제27조제1항」에 따라 신용보증재단은 신용보증을 받은 소기업등으로부터 그 보증금액에 대하여 보증료를 징수합니다.

보증료는 기업의 신용도, 보증금액, 보증기간 등을 고려하여 최저 0.5% ~ 최고 2.0% 범위 내에서 차등 징수합니다.

◎ 추가보증료

「지역신용보증재단법 제27조제2항」에 따라 신용보증을 받은 소기업 등이 만기에 대출금을 상환하지 못한 경우 추가보증료를 징수합니다.

◎ 연체보증료

「지역신용보증재단법 제27조제3항」에 따라 신용보증을 받은 소기업 등이 보증료의 납부기한까지 보증료를 납부하지 아니한 경우 연체보증료를 징수합니다.

5장 | 소상공인진흥공단

소상공인진흥공단(https://www.semas.or.kr/)은 한국의 소상공인과 작은 상인들을 지원하기 위해 설립된 정부 지원기관입니다. 주요 목표는 소상공인의 경영안정화와 성장을 지원하여 지역경제 활성화와 일자리 창출에 기여하는 것입니다. 소상공인진흥공단은 다양한 지원 프로그램과 서비스를 제공하여 소상공인들의 경영환경 개선과 경쟁력 강화를 도모합니다.

다음은 소상공인진흥공단의 주요 역할과 제공하는 지원 프로그램에 대한 정보입니다.

경영지원

소상공인들의 경영상황 개선과 경영능력 강화를 위해 다양한 지원을 제공합니다. 예를 들어, 경영자 교육 및 컨설팅 서비스, 경영상담, 마케팅 및 판매지원, 브랜드 개발 지원 등을 제공하여 소상공인들이 경영 전략 수립과 경영 능력 향상에 도움을 받을 수 있습니다.

자금지원

소상공인들의 자금난 해결을 위해 자금지원 프로그램을 운영합니다. 예를 들어, 저금리 대출, 대출담보보증, 신용보증, 재난 경영자금 지원 등의 프로그램을 통해 소상공인들이 자금을 유동화하고 경영자금을 확보할 수 있도록 돕습니다.

진흥지원

소상공인들의 경쟁력을 향상시키기 위해 다양한 진흥지원 프로그램을 제공합니다. 예를 들어, 상권 활성화 지원, 상품개발 및 디자인 지원, 온라인 판매 및 마케팅 지원, 청년 창업 지원 등을 통해 소상공인들의 제품과 서비스의 경쟁력을 개선하고 시장 진출을 도모합니다.

교육 및 정보제공

소상공인들의 역량 강화와 경영 지식 습득을 위해 교육 프로그램을 개최하고 정보를 제공합니다. 경영 교육, 기술 교육, 시장 동향 및 정책 정보 제공 등을 통해 소상공인들이 최신 경영 지식을 습득하고 경영 환경에 대한 정보를 얻을 수 있도록 지원합니다.

소상공인진흥공단은 소상공인들의 경영 안정화와 경쟁력 향상을 위해 다양한 지원 프로그램과 서비스를 제공하고 있습니다. 이를 통해 소상공인들은 경영 환경 개선과 성장을 이룰 수 있으며, 지역경제의 활성화와 일자리 창출에 기여할 수 있습니다.

1. 소상공인 정책자금

◎ 융자대상

• 공통 지원 자격

  – [소상공인 보호 및 지원에 관한 법률]상 소상공인 : 상시근로자 5인 미만 업체 (제조업, 건설업, 운수업, 광업: 상시근로자 10인 미만 업체)

  * 제외업종 : 유흥 향락 업종, 전문업종, 금융업, 보험업, 부동산업 등

2023년 소상공인정책자금 세부지원요건

구분	세부	신청요건 * 세부 신청요건은 반드시 공지사항을 참고하시기 바랍니다.
성장기반자금	소공인 특화자금	(직접대출) 제조업을 영위하는 상시근로자수 10인 미만의 소공인
	성장촉진자금	(직접대출) 자동화설비를 도입하여 운영 중이거나, 도입예정인 업력 3년 이상의 소상인
		(대리대출) 업력 3년 이상 소상인
	스마트자금	(직접대출) ①스마트 소상공인 ②혁신형 소상공인 ③사회적 경제기업 ④강한소상공인 · 로컬크리에이터

	민간투자연계형 매칭융자	**(직접대출)** 소상공인진흥공단에 의해 선정된 전문 운영기관을 통해 투자금을 지원 받고 선투자 인증서를 발급받은 소상공인
일반경영 안정자금	일반자금	**(대리대출)** 업력 3년 미만의 소상공인
	신사업창업 사관학교 연계자금	**(직접대출)** 최근 1년 이내 신사업창업사관학교 수료 후 해당 아이템으로 창업한 소상공인
특별경영 안정자금	청년고용 연계자금	**(대리대출)** ① 업력 3년 미만의 청년 소상공인(만39세 이하) ② 상시근로자 중 과반수 이상 청년 근로자(만39세 이하)를 고용 중이거나 최근 1년 이내 청년 근로자 1인 이상 고용한 소상공인
	소상공인 · 전통시장자금	**(직접대출)** 민간금융 이용이 어려운 저신용 소상공인
	재도전특별자금	**(직접대출)** ① 재창업 준비단계 또는 초기단계에 있는 소상공인 ② '채무해소 재기지원종합패키지 협약기관'에서 인정한 성실상환 소상공인
	긴급경영 안정자금	**(대리대출)** "재해 중소기업(소상공인)확인증"을 발급받은 소상공인
	장애인기업 지원자금	**(대리대출)** 장애인복지카드(국가유공자 카드(또는 증서)) 또는 장애인기업확인서를 소지한 장애 소상공인(또는 기업)
	위기지역 지원자금	**(대리대출)** 고용위기지역(고용부 지정), 산업위기대응특별지역(산업부 지정), 조선사 소재 지역 등 지역경제위기가 우려되는 지역 소재 소상공인

* 각 자금별 접수 순서대로 처리, 한도 소진 시 마감

◎ 융자절차

- 대리대출

  – 보증서부 대출

①	②	③
확인서 신청·접수 (소진공-온라인 접수) ⋯⋯⋯⋯⋯ 지원대상 여부 판단	(보증서 신청·발급) 보증기관-온라인/ 방문 접수) ⋯⋯⋯⋯⋯ 신용·사업성 평가 후 보증서 발급	대출 신청·실행 (금융기관-방문 접수) ⋯⋯⋯⋯⋯ 보증서를 통해 대출

  – 신용 · 담보부 대출

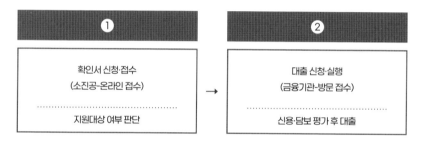

①	②
확인서 신청·접수 (소진공-온라인 접수) ⋯⋯⋯⋯⋯ 지원대상 여부 판단	대출 신청·실행 (금융기관-방문 접수) ⋯⋯⋯⋯⋯ 신용·담보 평가 후 대출

- 직접대출

①	②	③
신청·접수 (소진공-온라인 접수) ⋯⋯⋯⋯⋯ 직접대출 신청	대출심사 (소진공-현장실사) ⋯⋯⋯⋯⋯ 사업전망, 경영성, 신용도 등 기업평가	약정체결 및 실행 (소진공-전자약정 또는 대면약정) ⋯⋯⋯⋯⋯ 약정 체결 후 대출실행

2. 강한소상공인 성장지원

◎ 지원목적

- 기업가·장인정신, 창의·혁신적 아이템 등을 보유한 소상공인을 발굴·선별하여 사업화자금 지원 등을 통해 기업가형 소상공인으로 육성

◎ 지원규모

- 350개 팀 내외

◎ 지원대상

- 파트너와의 융합·협업을 통해 사업모델을 확장하고 기업가형 소상공인으로 성장할 수 있는 역량을 가진 소상공인

강한 소상공인 발굴유형

❶ 라이프스타일	❷ 로컬브랜드	❸ 글로벌
새로운 콘텐츠를 접목하여 의식주 기반의 라이프스타일 기업으로 성장	지역성을 기반으로 성장한 로컬크리에이터가 로컬브랜드(지역대표기업)으로 확장	사업모델을 글로벌(수출 또는 진출)까지 확대

강한 소상공인 협업유형

① 소상공인+창작자	② 소상공인+스타트업	③ 소상공인+이업종
(소) 디자인, 브랜딩, 패키징 등의 다양한 문제(창) 해결방안 제시	(소) 상품기획, 판로 등 사업 운영 등 경영 애로사항(스) 속도 · 편의 · 효율성 제공	(소상) 서비스 융합 모델 제안 (이업종) 제품 · 굿즈 등의 협업 내용 제시

◎ 지원내용

• (단계별 사업화 지원) 오디션 방식으로 3단계(선발→고도화→스케일업) 경쟁을 통해 사업화자금 차등 지원 및 판로 · 투자 등 후속 연계 지원

1) 신사업창업사관학교

◎ 사업소개

국내외 다양한 신사업 아이디어를 발굴·보급하고 성장 가능성이 높은 유망 아이템 중심의 예비창업자를 선발하여 창업이론 교육, 점포경영 체험교육, 멘토링, 사업화 지원 등을 패키지로 지원

◎ 지원내용

구분	지원내용	지원기간
창업이론교육	기본공통, 일반경영, 업종전문, 사업화지원, 스마트창업 등 점포운영시 필요한 이론교육 제공	4주
점포경영체험교육	사업모델 검증 및 성공가능성 제고를 위해 신사업 아이디어 점포 체험의 기회 제공	12주
멘토링	점포 체험 기간(약 12주) 동안 점포 운영에 필요한 전문가 멘토링 지원	
사업화지원	교육 수료 후 매장 모델링, 시제품 제작, 브랜드개발, 홈페이지 제작, 홍보 및 마케팅 등 창업 소요비용의 일부 지원(50% 본인 부담조건)	150일

◎ 신청방법

(교육 및 사업화 지원) 교육생 모집공고(상하반기 각 1회) 후 신사업창업사관학교 홈페이지(http://newbiz.sbiz.or.kr)에서 온라인 신청공고문

은 소상공인시장진흥공단 홈페이지 상단 메뉴 알림마당 – 공지사항을
통해 확인

◎ 자주 하는 질의응답

Q1. 커피 전문점 등 비알코올 음료점업도 지원 가능한 것으로 알고 있는
데 올해도 지원 가능한가요?

- 아니요. 표준산업분류상 비알코올 음료점업(56221. 커피 전문점, 56229. 기타 비알
  코올 음료점업)에 해당하는 업종은 신청 불가합니다.

Q2. 현재 사업자등록증이 있으며, 하고 있는 사업 이외 다른 업종으로
추가 운영하려고 하는데 신청 가능한가요?

- 아니요. 신청일 현재 사업자(개인, 법인)를 보유하고 있을 경우, 영위하고 있는 업
  종(임대 사업자 포함)과 관계없이 모두 기 창업자로 간주하여, 다른 업종을 추가하
  더라도 지원 대상에 해당하지 않습니다.

Q3. 교육 상세일정은 어떻게 되나요?

- 이론교육은 입교일로부터 약 4주, 점포체험교육은 입점일로부터 12주간 운영되
  며, 상세일정은 기수별 상이하므로 추후 각 지역별 운영일정을 참고해주시기 바
  랍니다.

Q4. 점포경영체험 교육을 체험점포 이외 별도의 장소에서 이수할 수 있
나요?

- 점포경영체험 교육은 지역별 공단에서 지정한 체험점포 '꿈이룸'에서만 이수 가능
  합니다.

Q5. 교육받는 장소와 창업 희망지역이 반드시 일치해야 하나요?

– 교육은 지역별(서울, 부산, 인천, 대구, 광주, 대전, 울산, 경기(수원), 충북(청주), 전북(전주), 전남(순천), 경남(창원)로 운영되고 있으며, 교육신청 지역과 교육 수료 후 창업 예정 지역이 일치하지 않아도 신청 가능합니다. 단, 교육기간(약 5개월) 동안 참석이 가능한 지역으로 신청하시기 바랍니다.

Q6. 교육을 이수하면 사업화 지원(보조금)을 모두 받을 수 있나요?

– 아니요. 교육 수료자를 대상으로 사업화지원 모집을 별도 공고하며, 심사를 통해 사업화 지원여부를 결정하고, 심사결과에 따라 사업비는 차등 지급될 수 있습니다.

2) 소상공인 경영교육

◎ 사업소개

소상공인이 경영환경 변화에 대처하고 경영능력을 갖춰 경쟁력을 높일 수 있도록 전문기술교육, 경영개선교육, 전용교육장 교육 제공

◎ 지원내용

(전문기술교육) 소상공인을 위한 업종별 전문 · 고급 기술 등 실습 위주의 교육

* 교육비 지원 (교육기관 교육비의 90%, 50만 원 한도 연 2회 지원)

(경영개선교육) 경영환경 변화에 따른 경영기법, 지식 등 교육 제공

(전용교육장교육) 전용교육장 내 직장인, 예비창업자 대상 창업교육 등 운영

◎ 지원절차(신청방법)

① 전문기술교육

• 교육기관이 교육기관 등록을 희망할 경우

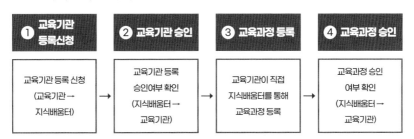

• 소상공인이 교육 수강을 희망할 경우

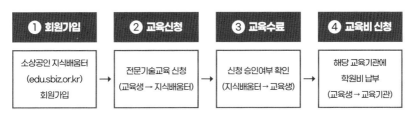

※ 교육별 정원에 따라 조기 모집마감 될 수 있음

② 경영개선교육, 전용교육장교육

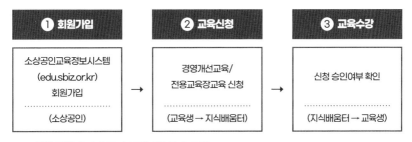

※ 교육별 정원에 따라 조기 모집마감 될 수 있음

3) 사이버 평생교육원

◎ 사업소개

소상공인 교육확대를 위해 온라인 교육을 체계적으로 관리·운영하여 예비창업자의 준비된 창업을 지원하고 소상공인들의 경영안정화를 지원하는 소상공인 중심의 평생학습 서비스

◎ 지원내용

- 교육 사이트 : 소상공인 지식배움터, 소상공인 지식나눔터
- 교육 대상 : 예비창업자 및 업종전환 예정자 등 소상공인
- 교육 내용 : 소상공인 생애주기별 교육(지식배움터), 소상공인 교육 정보 제공 서비스(지식나눔터)

◎ 자주 하는 질의응답입니다

Q1. (지식배움터)수강신청한 내용을 어떻게 확인하나요?

- 수강신청을 하신 후 나의강의실에서 확인하시고 학습을 진행하시면 됩니다.

Q2. (지식배움터) e-러닝 교육 수료 후 수료증은 언제 출력 되나요?

- 수료증 출력은 학습 완료 후 바로 출력 가능합니다.

6장

경기도 중소기업육성자금 (시도자금-G머니)

경기도 중소기업육성자금(https://g-money.gg.go.kr/)은 경기도에서 중소기업들의 경영안정화와 성장을 지원하기 위해 제공되는 자금 지원 프로그램입니다. 이 자금은 중소기업들이 경영에 필요한 자금을 확보하고 경쟁력을 강화하는 데 도움을 주는 목적으로 운영됩니다. 경기도 중소기업육성자금은 주로 다음과 같은 형태로 제공됩니다.

운영자금 대출

경기도가 직접 중소기업에 대해 운영자금을 대출해주는 프로그램입니다. 경영에 필요한 자금을 유동화하고 경영 안정을 도모할 수 있도록 지원합니다.

기술개발자금 지원

중소기업의 기술개발을 지원하기 위한 자금 지원 프로그램입니다. 기술 혁신과 연구개발에 필요한 자금을 지원하여 기술력을 향상시키고 경쟁력을 강화할 수 있도록 돕습니다.

창업자금 지원

중소기업 창업을 지원하기 위해 창업자금을 지원하는 프로그램입니다. 창업에 필요한 자금을 제공하여 창업 초기의 경제적 부담을 덜어주고 성공적인 창업을 도모합니다.

특화분야 지원

경기도가 특정 산업 분야나 지역에 중점을 두고 중소기업을 육성하기 위한 지원 프로그램입니다. 특정 분야의 기술개발, 인력 양성, 시장 진출 등에 필요한 자금을 지원하여 해당 분야의 경쟁력을 강화합니다.

경기도 중소기업육성자금은 중소기업들의 경영 안정화와 성장을 지원하기 위해 다양한 형태의 자금을 제공합니다. 중소기업들은 이러한 자금 지원을 활용하여 경영 환경 개선과 경쟁력 강화를 추진할 수 있습니다. 자세한 정보는 경기도 중소기업진흥원이나 관련된 기관의 웹사이트에서 확인할 수 있습니다.

3. G-money 시스템

◎ G-money 시스템이란?

경기도가 중소기업의 경영안정과 구조개선, 우수 중소·벤처기업의 창업활성화를 위하여 중소기업육성자금을 장기·저리로 융자지원함에 있어 기업체↔도↔유관기관(경기신보, 협약은행 등) 간의 업무처리를 온라인으로 실시하는 시스템을 말하며, 경지도와 GOOD을 의미하는 G과 자금을 의미하는 Money를 합성하여 경기도가 경영안정과 우수 중소기업 육성을 위한 자금 주머니 역할을 한다는 의미를 부여하고 있습니다.

◎ 시스템 흐름

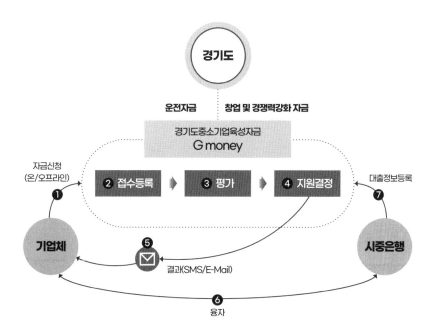

◎ 지원절차

01 자금상담 필요자금에 따라 담보현황, 지원한도 등 지원조건을 상담합니다	05 융자신청 협약은행에서 대출을 신청합니다. (운전자금 3개월 이내, 창업 및 경쟁력강화자금 12개월 이내 신청)
02 자금신청 G-Money(온라인 신청) 또는 자금별 접수처(내방 신청)에서 신청합니다.	06 융자 및 상환 협약은행에서 대출 및 원리금 상환을 실시합니다.
03 심사평가 자금별 기준에 따라 접수기관에서 평가를 실시합니다. -7영업일 이내, 보증서 발급은 10영업일 이내 접수기관의 등록이 완료되면 대표자 휴대폰과 이메일로 접수번호가 전송됩니다.	07 사후관리 자금지원기업에 변동사항이 발생될 경우 신고하셔야 합니다. (전수조사 분기별 실시)
04 결정통지 지원결정 결과를 대표자 휴대폰과 이메일로 안내합니다. 지원결정통보서는 우편 발송하며 온라인신청기업은 직접 출력 하실 수 있습니다.	

4. 지원자금

1) 일반기업

◎ 지원개요

- 융자한도 : 업체당 5억 원(특별지원 10억 원)
- 융자기간 : 3년(1년 거치 2년 균분상환)
- 융자취급은행 : 업체별 주거래은행(협약체결 은행)
- 융자금리 : 재원별 대출금리 참조

◎ 지원대상

- 「중소기업기본법」 제2조 규정에 따른 중소기업

  ※ 단, 융자지원제외업종에 해당하는 경우 지원 제외

◎ 우선지원대상 및 특별지원

우선지원대상 가점부여 : 10점 이내	특별지원기업 : 지원한도의 200% 이내 지원
– 경기도 전략산업, 4차 산업혁명 관련업종, 뿌리산업, 문화콘텐츠 산업 영위기업 – 중소기업기술혁신촉진법에 의한 기술혁신형 중소기업(Inno–Biz), 경영혁신형 중소기업(MAINBiz), 벤처기업 육성에 관한 특별조치법상의 벤처기업 – 사업장을 경기북부지역 또는 경기도 낙후지역으로 이전 완료한 기업 및 이전예정기업, 경기도 내 가동 중인 중소기업으로서 대단위 택지개발계획에 의해 도내로 이전하는 기업 등	– 「외국인투자촉진법」 제2조에 따른 외국인투자기업(의결권 있는 주식총수 또는 출자총액의 10% 이상을 소유하는 경우) – 신청일 기준 타 시·도에서 경기도로 1년 이내에 이전한 기업 또는 경기도 내 타지역 사업장을 경기북부지역 또는 경기도 낙후지역으로 6개월 이내에 이전한 기업이거나 이전예정인 기업(이전 예정지의 공장설립승인서 및 공장건축허가서 또는 사업장 매입계약서 및 부동산거래계약신고필증 제출기업) – 「해외 진출 기업의 국내 복귀 지원에 관한 법률」 제7조에 따른 국내 복귀 기업 – 수해 등의 천재지변으로 인해 복구하려는 기업 또는 대기업 부도로 인해 피해를 입은 협력 중소기업 – 경기도 내에서 가동 중인 중소기업으로서 대단위 택지개발계획에 의해 경기도 내로 이전하는 기업

◎ 신청접수 및 지원결정

• 신청접수 : 경기신용보증재단 각 영업점
• 평가·지원결정 및 통보 : 경기신용보증재단 각 영업점

| 공고
(경기도) | → | 접수·평가·지원결정
(경기신용보증재단) | → | 융자실시
(협약은행) |

2) 신기술기업

◎ 지원개요

- 융자한도 : 업체당 5억 원(특별지원 10억 원)
- 융자기간 : 3년(1년 거치 2년 균분상환)
- 융자취급은행 : 업체별 주거래은행(협약체결 은행)
- 융자금리 : 재원별 대출금리 참조 재원별대출금리

◎ 지원대상

- 최근 3년 이내 경기도가 지원하는 산·학·연 협력 기술개발 완료기업
- 부처별 인증 신기술과 특허(실용신안) 받은 기술 중 시제품 개발을 완료하고 양산하는(양산화하려는) 기업
- 소재·부품 전문 확인기업(발급기관: 한국산업기술진흥원)
- 녹색인증기업
- 신기술기업 기술창업자 ※ 단, 졸업 후 3년 이내인 자
- 중기벤처부장관이 지정한 경기도 내 창업보육센터 입주기업으로 설립 후 3년 이내의 업체

※ 단, 융자지원제외업종에 해당하는 경우 지원 제외

◎ 우선지원대상 및 특별지원

우선지원대상 가점부여 : 10점 이내	특별지원기업 : 지원한도의 200% 이내 지원
− 경기도 전략산업, 4차 산업혁명 관련업종, 뿌리산업, 문화콘텐츠 산업 영위기업 − 중소기업기술혁신촉진법에 의한 기술혁신형 중소기업(Inno-Biz), 경영혁신형 중소기업(MAINBiz), 벤처기업 육성에 관한 특별조치법상의 벤처기업 − 사업장을 경기북부지역 또는 경기도 낙후지역으로 이전 완료한 기업 및 이전예정기업, 경기도 내 가동 중인 중소기업으로서 대단위 택지개발계획에 의해 도내로 이전하는 기업 등	− 「외국인투자촉진법」 제2조에 따른 외국인투자기업(의결권 있는 주식총수 또는 출자총액의 10% 이상을 소유하는 경우) − 신청일 기준 타 시·도에서 경기도로 1년 이내에 이전한 기업 또는 경기도 내 타지역 사업장을 경기북부지역 또는 경기도 낙후지역으로 6개월 이내에 이전한 기업이거나 이전예정인 기업(이전 예정지의 공장설립승인서 및 공장건축허가서 또는 사업장 매입계약서 및 부동산거래계약신고필증 제출기업) − 「해외 진출 기업의 국내 복귀 지원에 관한 법률」 제7조에 따른 국내 복귀 기업 − 수해 등의 천재지변으로 인해 복구하려는 기업 또는 대기업 부도로 인해 피해를 입은 협력 중소기업 − 경기도 내에서 가동 중인 중소기업으로서 대단위 택지개발계획에 의해 경기도내로 이전하는 기업

◎ 신청접수 및 지원결정

• 신청접수

경기신용보증재단 기술평가센터 | 경기도 수원시 영통구 광교로 109
| 1577-5900

• 평가 · 지원결정 및 통보 : 경기신용보증재단 기술평가센터

| 공고
(경기도) | → | 접수·평가·지원결정
(경기신용보증재단) | → | 융자실시
(협약은행) |

◎ 상담 및 문의

* 경기신용보증재단 기술평가센터 ∣ 경기도 수원시 영통구 광교로 109 1577-5900
* 경기도 지역금융과 031) 8030-4724

3) 벤처창업기업

◎ 지원개요

* 융자한도 : 업체당 5억 원(특별지원 10억 원)
* 융자기간 : 3년(1년 거치 2년 균분상환)
* 융자취급은행 : 업체별 주거래은행(협약체결 은행)
* 융자금리 : 재원별 대출금리 참조 재원별대출금리

◎ 지원대상

* 「벤처기업육성에 관한 특별조치법」에 따라 벤처기업 확인을 받은 도 내 소재한 중소기업으로서 다음 사항을 모두 충족하는 기업
  - 「중소기업창업 지원법」에 따른 창업 중소기업(창업 7년 이내)
  - 벤처기업 확인을 받은 기술(제품)을 직접 또는 이용하여 사업화하

거나 기술개발을 하고자 하는 기업
- 경기도에서 조성한 벤처센터 입주기업

※ 단, 융자지원제외업종에 해당하는 경우 지원 제외

◎ 우선지원대상 및 특별지원

우선지원대상 가점부여 : 10점 이내	특별지원기업 : 지원한도의 200% 이내 지원
– 경기도 전략산업, 4차 산업혁명 관련업종, 뿌리산업, 문화콘텐츠 산업 영위기업 – 중소기업기술혁신촉진법에 의한 기술혁신형 중소기업(Inno–Biz), 경영혁신형 중소기업(MAINBiz), 벤처기업 육성에 관한 특별조치법 상의 벤처기업 – 사업장을 경기북부지역 또는 경기도 낙후지역으로 이전 완료한 기업 및 이전예정기업, 경기도 내 가동 중인 중소기업으로서 대단위 택지개발계획에 의해 도내로 이전하는 기업 등	– 「외국인투자촉진법」 제2조에 따른 외국인투자기업(의결권 있는 주식총수 또는 출자총액의 10% 이상을 소유하는 경우) – 신청일 기준 타 시·도에서 경기도로 1년 이내에 이전한 기업 또는 경기도 내 타지역 사업장을 경기북부지역 또는 경기도 낙후지역으로 6개월 이내에 이전한 기업이거나 이전 예정인 기업(이전 예정지의 공장설립승인서 및 공장건축허가서 또는 사업장 매입계약서 및 부동산거래계약신고필증 제출기업) – 「해외 진출 기업의 국내 복귀 지원에 관한 법률」 제7조에 따른 국내 복귀 기업 – 수해 등의 천재지변으로 인해 복구하려는 기업 또는 대기업 부도로 인해 피해를 입은 협력 중소기업 – 경기도 내에서 가동 중인 중소기업으로서 대단위 택지개발계획에 의해 경기도 내로 이전하는 기업

◎ 신청접수 및 지원결정

- 신청접수
  - 경기신용보증재단 기술평가센터
  - 기술보증기금 기술평가센터

- 평가 · 지원결정 및 통보: 경기신용보증재단 기술평가센터, 기술보
  증기금 기술평가센터

4) 여성창업기업

◎ 지원개요

- 융자한도 : 업체당 5억 원
- 융자기간 : 3년(1년 거치 2년 균분상환)
- 융자취급은행 : 업체별 주거래은행(협약체결 은행)
- 융자금리 : 재원별 대출금리 참조 재원별대출금리

◎ 지원대상

창업 7년 이내의 「여성기업 지원에 관한 법률」에 의한 여성기업

※ 단, 융자지원제외업종에 해당하는 경우 지원 제외 지원제외대상업종보기

◎ 우선지원대상

◎ 상담 및 문의

- 경기신용보증재단 각 영업점
- 경기도 지역금융과

4) 소상공인지원자금

◎ 지원개요

- 융자한도 : 업체당 1억5천만 원
- 융자기간 : 5년(1년 거치 4년 분할상환)
- 고객부담금리 : 은행금리 – 이자지원율(자금별 상이)
- 융자취급은행 : 농협, 신한, 우리, 하나, SC, 국민

구분		지원범위	지원한도	이차보전율	상환기간
일반자금	점포 임차보증금	소요금액 90% 범위 이내	5천만 원	2.7%	5년 (1년거치 4년 분할상환)
	창업자금	소요금액 이내	1억 원		
	경영개선자금			3.0%	
	재창업자금			2.7~3.0%[1]	
대환자금		융자잔액 이내	1억 원	2.7~3.0%[2]	

1) 자금용도에 따라 창업자금(예비재창업 포함) 2.7%, 경영개선자금 3.0% 적용

2) 기존 소상공인지원자금 자금용도에 따라 창업자금 2.7%, 경영개선자금 3.0% 적용

◎ 지원대상

- 점포임차보증금자금 : 소상공인으로서 도가 지정하는 교육기관에서 도가 지정하는 교육기관에서 창업경영교육을 12시간 이상 이수한 자 또는 경기도 소상공인 컨설팅 2일 이상 이수한 자
- 창업자금 : 사업자등록 6개월 이내인 소상공인으로서 도가 지정하는 교육기관에서 창업경영교육을 12시간 이상 이수한 자 또는 경기도 소상공인 컨설팅 2일 이상 이수한 자
- 경영개선자금 : 사업자등록 6개월 경과한 소상공인으로서 도가 지정하는 교육기관에서 창업경영교육을 12시간 이상 이수한 자 또는 경기도 소상공인 컨설팅 2일 이상 이수한 자
- 재창업자금 : 경기도 소상공인 재창업지원사업을 수료한 자
- 대환자금 : 기존 소상공인지원자금을 이용 중인 도내 소상공인

◎ 지원체계

| 공고
(경기도) | → | 접수·평가·지원결정
(경기신용보증재단) | → | 융자실시
(협약은행) |

◎ 상담 및 문의

- 자금지원 및 보증서 발급 문의
  - 경기신용보증재단 각 영업점

◎ 창업 · 경영개선(컨설팅)교육 관련 문의

- 경기신용보증재단 각 영업점
- 경기도시장상권진흥원
- 경기도 소상공인과
- 경기도 지역금융과

5) 사회적경제기업

◎ 지원개요

- 융자한도 : 업체당 2억 원
- 융자기간 : 4년(1년 거치 3년 분할상환)
- 고객부담금리 : 은행금리 − 이자지원율(자금별 상이)
- 융자취급은행 : 농협, 신한, 우리, 하나, SC

◎ 지원대상

- 사업장이 도내에 소재하는 「중소기업기본법」상 중소기업으로 다음 중 하나에 해당하는 경우
  - 「사회적기업 육성법」 제2조에 의한 사회적기업
  - 「경기도 사회적경제 육성지원에 관한 조례」 제2조에 따른 예비사회적기업(영리기업에 한함)
  - 「협동조합기본법」 제2조에 따른 협동조합, 협동조합연합회, 사회적협동조합, 사회적협동조합연합회
  - 「소비자 생활협동조합법」 제2조에 따른 소비자생활협동조합, 소비자생활협동조합 연합회, 소비자생활협동조합 전국연합회
  - 「마을기업 육성사업 시행지침」에 따라 행정안전부가 지정한 마을기업 또는 경기도가 지정한 예비마을기업(영리기업에 한함)

◎ 신청접수 및 지원결정

- 신청 · 접수 : 경기신용보증재단 기술평가센터 및 각 영업점 제출서류보기1
- 지원결정 및 통보 : 경기신용보증재단 기술평가센터 및 각 영업점

◎ 지원체계

◎ 상담 및 문의

- 경기신용보증재단 기술평가센터
- 경기신용보증재단 각 영업점
- 경기도 사회적경제과

7장 | 농림수산업자신용보증기금

농림수산업자신용보증기금은 농림수산업 분야에서 활동하는 개인 및 법인이 자금 조달에 어려움을 겪는 경우를 지원하기 위해 설립된 기금입니다. 이 기금은 농림수산업 분야의 창업, 운영, 확장, 기술개발 등 다양한 목적으로 자금이 필요한 사업주들에게 보증을 제공하여 대출 접근성을 높이고 금융 기관들로부터 자금을 조달할 수 있도록 돕습니다.

농림수산업자신용보증기금은 다음과 같은 주요 서비스를 제공합니다.

보증서비스

농림수산업 분야의 사업주가 금융 기관으로부터 대출을 받을 때 보증을 제공합니다. 보증서비스를 통해 대출 심사과정에서 보증기금의 보증액이 제공되면, 대출자는 대출 승인을 더 쉽게 받을 수 있습니다.

전문금융서비스

농림수산업 분야의 사업주를 위해 금융 기관과의 연계를 통해 저금리 대출, 담보 대출, 무담보 대출 등의 전문 금융 상품을 제공합니다. 이를 통해 농림수산업 분야의 자금 조달에 어려움을 겪는 사업주들에게 유리한 대출 조건을 제공합니다.

컨설팅 및 교육 지원

농림수산업 분야의 사업주들에게 신용보증 및 금융에 관련된 컨설팅과 교육을 제공합니다. 자금 조달 방법, 신용 점수 개선, 대출 신청 절차 등에 대한 전문적인 조언과 정보를 제공하여 사업주의 금융 역량을 향상시킵니다.

농림수산업자신용보증기금은 농림수산업 분야에서 사업을 영위하는 사업주들의 자금 조달을 지원하여 경영 안정성을 강화하고 성장을 촉진하는 역할을 합니다. 자세한 정보는 농림수산업자신용보증기금의 공식 웹사이트나 지역 지원센터에서 확인할 수 있습니다.

1. 농림수산업자신용보증기금은?

1) 농림수산업자신용보증기금은?

담보력이 미약한 농림수산업자에게 신용보증서를 발급함으로써 농림수산업 발전에 필요한 자금을 원활하게 대출 받을 수 있도록 도와드리는 기관입니다.

◎ 보증서 발급절차

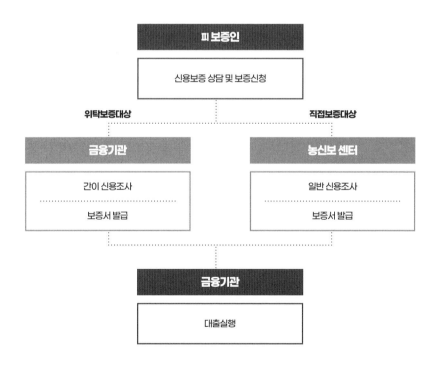

◎ 농림수산업자 신용보증제도의 기능

- 농림수산업자의 신용력 보완
  - 담보력이 미약한 농림수산업자의 신용을 보증함으로써 원활한 자금 융통을 지원합니다.
- 금융기관의 대출회수위험의 해소
  - 금융기관에 대하여 최종적인 담보책임을 농신보가 부담함으로써 금융기관의 대출회수위험을 해소시켜주는 역할을 합니다.
- 경제 정책적 목적 수행
  - 농림수산업자 신용보증제도는 농림수산업부문의 정책적 자금이 금융기관을 통하여, 농림수산업자에게 신속하고 효율적으로 지원될 수 있도록 하는 촉매제 역할을 합니다.

2) 누가 보증을 받을 수 있나요?

농림수산업에 종사하는 개인, 단체 또는 법인으로서 농림수산업 발전을 위한 사업자금이 필요한 경우에는 보증이용이 가능합니다.

- 농업인
  - 스스로 농업을 경영하거나 농업에 종사하시는 분
- 어업인
  - 어업을 경영하거나 어업에 종사하시는 분
- 임업인
  - 임업에 종사하시는 분

- 원양어업자
  - 상시근로자 수가 150명 이하인 원양어업을 영위하시는 분
- 농업기계 사후관리업소
  - 농업기계에 대한 사후관리를 업으로 하시는 분
- 농림수산단체
- 농림수산물유통 · 가공업자
- 농림수산물 등의 수출업자
  - 중소기업으로서 농림수산물 또는 그 가공제품을 수출하시는 분
- 농림수산용 기자재 제조업자
  - 중소기업으로서 농림수산업의 생산에 필요한 다음의 기자재를 생산하시는 분
- 천일염 제조업자
  - 소금산업진흥법 제2조 제14호 가목에 따라 천일염을 제조하시는 분
- 농림어업을 경영할 의사가 있는 자

3) 보증종류에는 어떤 것이 있나요?

농신보에서 지원하는 보증대상자금은 보증대상자에게 융통되는 농림어업용 자금입니다.

◎ 보증종류
일반보증과 함께 정부정책에 부응한 다양한 형태의 보증을 운용하고

있습니다.

- 일반보증
  - 농림어업인의 영농(어)활동에 필요한 자금을 지원하는 일반적인 보증
- 우대보증
  - 보증제도별로 선정한 대상자들에게 보증한도, 보증요율 등을 우대해 주는 보증
- 특례보증
  - 정부 정책적으로 지원하는 보증으로 별도 한도를 부여하고 보증 지원기준을 완화하여 지원하는 보증

◎ 농어업 재기지원 신용보증

자연재해 등 불가항력적인 요인으로 구상채무자가 된 성실실패 농어업인에 대한 재기를 지원하는 보증

◎ 보증제도

종류	보증제도명	주요 내용
일반보증	일반보증	대상자 : 농림수산업에 종사하는 개인 · 법인 보증한도 : 개인 15억 원, 법인 20억 원
	상거래채무 신용보증	대상자 : 농림수산업에 종사하는 개인 · 법인 – 농 · 축협, 수협, 산림조합과의 상거래로 부담하는 금전채무 – 농기계 또는 양식어업 장비의 임차료 보증한도 : 개인 15억 원, 법인 20억 원

농수산식품우수 기술사업자 신용보증	대상자 : 기술전문평가인정기관(TCB, 한국농업기술진흥원, 해양수산과학기술진흥원)에서 T4이상의 평가서를 받은 농림수산업자 – 보증료율 0.2%p 차감 우대 – 보증한도 : 기술평가등급 T1 · T2는 30억 원, T3 · T4 는 25억 원(단, 운전자금은 개인15억 원, 법인20억 원)	
농수산물산지 유통센터 신용보증	대상자 : 농식품사업시행지침에 따라 선정된 농림수산업자 보증한도 : 30억 원	
수출 · 규모화 사업자 신용보증	대상자 : 정부의 사업지침에 따라 '수출 및 규모화 사업' 대상자로 선정된 농림수산업자 보증한도 : 30억 원	
기술혁신형중소 기업(INNO–BIZ) 신용보증	대상자 : 중소벤처기업부로부터 기술혁신형중소기업으로 선정되어 확인서를 발급받은 법인 보증한도 : 30억 원	
현대화사업자 신용보증	대상자 : 농식품사업시행지침의 '축사시설 현대화 사업자' 중 이차보전방식 지원대상자로 선정된 자, 해양수산사업시행지침의 '양식시설 현대화 사업' 및 '원양어선 현대화사업 대상자' 보증한도 : 개인 30억 원, 법인 50억 원	
스마트팜 등 신용보증	대상자 : 농식품사업시행지침에 따라 선정된 스마트팜 지원사업자, 첨단온실 사업자, 수출전문 스마트팜 온실신축사업자, 농업에너지 이용 효율화 사업자 보증한도 : 개인 30억 원, 법인 70억 원	
민간미곡종합처리 장사업자신용보증	대상자 : 미곡종합처리장을 설치 · 운영하는 자 보증한도 : 개인 30억 원, 법인 50억 원	
안전복지형연근해 어선기반구축사업 대상자 신용보증	대상자 : 해양수산국고보조사업시행지침에 따라 선정된 안전복지형 연근해어선 기반구축 사업 대상자 보증한도 : 개인 30억 원, 법인 70억 원	

	원양어업경영자금 신용보증	대상자 : 해양수산국고보조사업시행지침에 따라 원양어업경영 자금 지원사업 대상자(국적선사에 한함) 보증한도 : 30억 원
우대보증	농어촌발전 선도농 어업인 신용보증	보증대상 : 농어업인후계자, 선도농어가, 신지식 농어업인, 전 통식품명인, 농정 등 포장자로서 수상일로부터 5년 이내인 자 대상자금 : 선도농어업인 지정증서 또는 확인 자료에 명시된 지정분야 및 업종에 소요되는 정책자금 보증한도 : 「창업관련 보증」과 「저탄소 친환경 신용보증」을 합 산하여 최대 3억 원 이내 보증 비율 : 최대 95%
	청·장년 귀농(어) 창업 신용보증	보증대상 : 귀농어 관련 정부의 사업지침에서 선정된 보증신청 일 현재 창업 5년 이내인 만 55세 이하의 자 보증한도 : 「창업관련 보증」과 「저탄소 친환경 신용보증」을 합 산하여 최대 3억 원 이내 보증비율 : 95% 보증료율 : 기준보증료율 0.2%p 차감 우대
	농어업 전문교육 이수자 신용보증	보증대상 : 창업 5년 이내인 만 39세 이하 농어업계 고등·대 학교졸업자 보증한도 : 「창업관련 보증」과 「저탄소 친환경 신용보증」을 합 산하여 최대 3억 원 이내 보증비율 : 95% 보증료율 : 기준보증료율 0.2%p 차감 우대
	농어업 창업경진 대회 입상자 신용보증	보증대상 : 정부, 지자체, 농협중앙회가 주최하는 농림수산(식 품)분야 창업 경진대회에서 입상한 농림수산업자(입상일로 부 터 3년, 창업일로부터 5년 이내) 보증한도 : 「창업관련 보증」과 「저탄소 친환경 신용보증」을 합 산하여 최대 3억 원 이내 보증비율 : 95%

	저탄소 친환경 농어업인 신용보증	보증대상 : 저탄소 농축산물 또는 유기농축산물 인증을 받은 자 보증한도 : 최대 1억 원 이내 (단,「창업관련 보증」을 합산하여 최대 3억 원 이내 보증비율 : 95% 보증료율 : 기준보증료율 0.2%p 차감 우대
특례보증	농어업재해대책 자금 신용보증	• 보증대상 : 재해대책관련 법령 및 가축전염병예방 법령 등에 따라 국가 또는 지자체로부터 재해농어업인 또는 농림수산단체로 선정된 자 • 보증한도 : 최대 5억 원 이내 • 특별재난지역 선포시 기준보증료율 0.1% 적용
	농어업경영회생 자금 신용보증	• 보증대상 : 정부의 농어업인경영회생지원사업지침에 따라 금융기관 경영평가위원회에서 지원대상자로 선정된 자 • 보증한도 : 개인 15억 원, 법인 20억 원
	농어가특별사료 구매자금 신용보증	• 보증대상 : 사료구매 관련 정책자금 지원사업 지침에 따라 행정기관 또는 사업주관 금융기관에서 지원대상자로 선정된 자(법인 제외) • 보증한도 : 최대 3억 원 이내
농어업재 기지원신 용보증	구상채권 회수보증	• 보증대상 : 우리 기금 구상채무에 변제 책임 있는 자 • 보증한도 : 기 구상채무 범위 이내
	단독채무자 재기지원보증	• 보증대상 : 우리 기금 구상채무에 한해 변제 책임 있는 자 중, 채무조정(구상채무 변제를 위한 "구상채권 회수보증" 지원 포함)자 • 보증한도 : 개인 15억 원, 법인 20억 원 이내
	다중채무자 재기지원보증	• 보증대상 : 우리 기금 구상채무를 포함한 여러 금융기관의 복수채무 변제책임이 있는 자(연대보증채무 포함) 중, 신용회복위원회의 채무조정 업무처리기준에 따라 신용회복지원자로 확정된 자 • 보증한도 : 개인 15억 원, 법인 20억 원 이내

	변제책임 면제자 재기지원보증	• 보증대상 : 우리 기금 구상채무에 대한 변제책임이 면제된 자 • 보증한도 : 개인 15억 원, 법인 20억 원 이내

* 창업관련보증 : 농어촌발전선도농어업인, 청장년 귀농어창업, 농어업전문교육이수자, 농어업창업경진
대회 입상자 신용보증

8장 | 무역보험공사(수출신용보증)

무역보험공사(Trade Insurance Corporation of Korea, K-sure ; https://www.ksure.or.kr/)는 대한민국 정부가 설립하고 운영하는 공공기관으로, 국내 기업의 해외 거래와 투자를 보호하기 위한 무역보험 서비스를 제공합니다. 주요 목표는 국내 기업의 수출과 해외 투자를 촉진하고, 국제 경쟁력을 향상시키는 것입니다.

무역보험공사가 제공하는 주요 서비스 및 기능은 다음과 같습니다.

수출신용보험

국내 기업이 수출 거래를 할 때 발생할 수 있는 신용 위험을 보호하기 위한 보험 상품입니다. 수출 거래 중 발생할 수 있는 거래상의 위험 요소에 대비하여, 수출채권의 미수금에 대한 보상을 제공합니다.

수입신용보험

국내 기업이 해외에서 물품을 수입하는 경우 발생할 수 있는 수입금 상의 위험을 보호하기 위한 보험 상품입니다. 해외 공급업체의 채무 불이행으로 인해 발생하는 손실을 보상해 줍니다.

해외투자보험

국내 기업이 해외에서 진행하는 직접투자 또는 금융투자에 대한 보호를 제공합니다. 해외 투자로 인해 발생할 수 있는 정치, 경제, 환경적 위험 등에 대비하여 기업의 투자 안전성을 보장합니다.

프로젝트파이낸싱보험

국내 기업이 해외에서 건설, 에너지, 통신 등의 프로젝트를 수행할 때 발생하는 위험을 보호합니다. 대규모 프로젝트의 수행 과정에서 발생할 수 있는 위험에 대한 보상을 제공합니다.

무역보험공사는 국내 기업이 해외 거래와 투자를 더욱 안전하고 신뢰성 있게 진행할 수 있도록 지원하고, 국제 경쟁력을 향상시키는 역할을 수행합니다. 더 자세한 정보와 서비스 신청 방법은 무역보험공사의 공식 웹사이트를 참고하시면 됩니다.

1. 단기성보험

1) 선적 후

◎ 개요

• 수출자가 수출대금의 결제기간 2년 이하의 수출계약을 체결하고 물품을 수출한 후, 수입자(L/C거래의 경우 개설은행[1])로 부터 수출대금을 받을 수 없게 된 때에 입게 되는 손실을 보상하는 제도

◎ 상품특성

• 대금미회수위험(신용위험[2], 비상위험[3])을 담보하기 위한 제도

◎ 상품구조

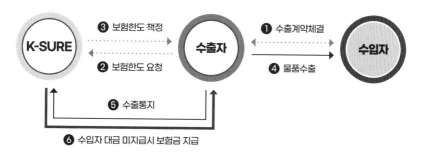

무역보험 용어

1) 신용장 개설은행 : 신용장 개설의뢰인의 신청과 지시에 따라 매매계약 당사자인 수출자 앞으로 신용장을 개설하는 은행을 신용장개설은행 또는 신용장발행은행이라고 한다. 또한 개설은행을 여신을 하는 은행이라 하여 credit writing bank라고도 한다. 신용장거래에 있어서 그 당사자는 개설은행의 대외공신력을 믿고 거래하게 되므로, 개설은행은 거래당사자의 주축이 된다고 할 수 있다. 따라서 신용장수익자(수출자)는 지급의 확약을 하는 개설은행의 신용도에 관심을 가지게 되어 매매계약 당초부터 개설은행을 지정하는 수도 있다.

2) 신용위험 : 수입자의 파산이나 지급 불능으로 인한 대금 회수 불능과 일방적인 계약 파기 등으로 인한 수출 불능, 수입자의 재정 상태 악화에 따른 지급 불능, 고의적인 지급 지연, 지급 거절 등 수입자가 당연히 이행해야 할 채무를 이행하지 않아서 발생하는 위험이다.

3) 비상위험 : 입국에서 수입을 금지하거나 수입 제한 조치를 하거나, 수입국 또는 제3국에서의 전쟁, 내란, 혁명, 폭동, 파업과 같은 비상사태 등 수출입계약 당사자에게 책임 지울 수 없는 사유로 인하여 수출이 불가능하거나 수출대금의 회수가 불가능해지거나 또는 해당국의 환거래 제한, 송금 제한 조치로 인하여 수출한 물품대금의 회수가 불가능할 때 수출자나 금융기관이 손실을 입을 위험이다.

4) 일반수출 : 국내에서 생산·가공 또는 집하된 물품을 수출하는거래(우리나라 선박에 의하여 외국에서 채취 또는 포획한 수산물을 수출하는거래 포함)

5) 위탁가공무역 : 국내기업의 해외현지법인이 생산·가공한 물품 또는 국내기업이 위탁하여 외국에서 가공한 물품을 수출하는 거래

6) 중계무역 : 수출을 목적으로 물품을 수입하여 국내에서 통관하지 않고 제3국으로 수출하는 거래

7) 재판매 : 수출자가 해외지사 등(현지법인 포함)에 물품을 수출하고, 동 해외지사 등이 당해 물품을 현지 또는 제3국에 재판매하는 거래

◎ 주요 계약내용

구분	개별보험
보험계약자	수출자
이용요건	• 수출자 : 국내에 주소를 둔 수출기업으로 공사 수출자 신용등급 F급 이상 • 수입자 : 공사 국별인수방침 인수제한국에 소재하지 않는 수입자로, 공사의 수입자 신용등급 F급 이상
보험가액[1]	수출대금
부보율[2]	• 일반수출, 위탁가공무역 : 중소기업 100% / 중견기업 97.5% / 대기업 95% • 중계무역 : 95%이내 • 재판매 : 95% • 부보율은 공사가 별도로 정한 국별인수방침에 따라 달라질 수 있음
보험금액[3]	보험가액 × 부보율
지급보험금	(손실액 − 면책대상손실) × 부보율
보험료	보험금액 × 보험요율[4]
보험증권 유효기간	최종 수출일로부터 1년(수출실적 없을 경우 한도 책정일로부터 1년)

무역보험 용어

1) 보험가액 : 보험사고 발생시의 경제적 손실(수출보험에서는 통상 수출금액)

2) 부보율 : 보험사고발생 시 보험금을 산정하기 위하여 손실액에 곱하여야 할 보상비율

3) 보험금액 : 보험자(K−SURE)가 지급할 수 있는 최대 보상금액

4) 보험요율 : 수입자 신용등급, 결제기간 등에 따라 결정

◎ 운영방식

구분	개별보험	포괄보험
주요내용	개별 거래별로 보험청약 및 가입 (결제기간 2년 이내 거래)	일정범위의 대상거래를 정한 후 대상거래전체를 가입 (결제기간 180일 이내 거래)
책정한도	인수한도[1]	보상한도[2]
장점	수출거래별 선택적 보험 가입 가능	고위험 거래 보험가입 용이 개별보험 대비 낮은 보험요율 편리한 수출통지 절차 (월간 또는 연간 통지)
단점	고위험거래 가입 곤란 포괄보험 대비 높은 보험요율	저위험거래에 대한 보험가입 의무

무역보험 용어

1) 인수한도 : 보험계약체결 가능 최대한도. 수출자가 특정 수입자와의 수출거래와 관련 하여 보험에 붙일 수 있는 최대한도(수출대금이 인수한도를 초과하는 경우 보험부보 불가)

2) 보상한도 : 보상 가능 최대한도. 동일한 수출입자 간 거래에 대하여 공사가 보상할 수 있는보험금의 최대 누적액(수출대금이 보상한도를 초과하는 경우에도 보험부보 가능하나 보상한도 범위 내 보상)

2) 포페이팅

◎ 개요
은행이 포페이팅 수출금융 취급 후 신용장 개설은행으로부터 만기에 수출대금을 회수하지 못하여 입게 되는 손실을 보상

◎ 상품특성
신용장에 의한 수출채권을 비소구조건으로 매입한 은행의 미회수위험을 담보

- 보험계약자 : 금융기관
- 결제기간 : 2년 이내
- 대상 수출거래 : 일반수출, 위탁가공무역, 중계무역
- 보상 및 소구 : 수출대금 미결제시 은행에 보험금 지급(수출자 귀책의 경우 보험자 대위에 의거 수출자 앞 소구)

※ 수출자 귀책의 경우 보험자 대위에 의거 수출자 앞 소구

구분	단기수출보험	선적후 수출신용 보증	포페이팅 보험
보험계약자	수출자	은행	은행
부보대상 거래	LC 및 Non-L/C	LC 및 Non-L/C	Usance L/C
Usance L/C 담보위험	위험 포함	인수거절 위험 포함	인수거절 위험 없음

◎ 상품구조

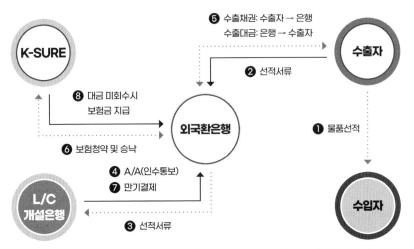

❺ 수출채권: 수출자 → 은행
수출대금: 은행 → 수출자

K-SURE

❽ 대금 미회수시
보험금 지급

❻ 보험청약 및 승낙

외국환은행

❷ 선적서류

수출자

❶ 물품선적

수입자

L/C
개설은행

❹ A/A(인수통보)
❼ 만기결제

❸ 선적서류

※ A/A(ADVICE OF ACCEPTANCE, 인수통보) : 개설은행이 만기에 대금결제를 하겠다는 확약
통보

3) 농수산물패키지

◎ 개요

단기수출보험(농수산물패키지)는 간편한 한 개의 보험으로 농수산물
수출 시 발생하는 여러가지 위험(대금미회수위험, 수입국 검역위험, 클
레임비용위험)을 한 번에 보장하는 농수산물 수출기업용 맞춤 상품

◎ 상품특성

• 한 개의 보험으로 농수산물 수출의 All-Risk 보장
– 대금미회수 위험, 수입국검역 위험, 클레임비용 위험 등 3가지 위험

을 모두 커버

- 고객의 필요에 따라 맞춤형 설계
  - 담보위험의 종류와 위험별 책임금액을 고객이 자유롭게 선택가능

◎ 상품구조

* 대상수입자 등록 및 보험료 납부

◎ 이용요건

수출자	수입자	신용장 개설은행
공사 신용등급 G급 이상 중소 중견 농수산물업체 단기수출보험(중소중견Plus+) 이용기업 제외	공사 신용등급 R급(정보부족 기업 제외) 또는 자본잠식 G급 수입자, 30일 이상 결제지연 수입자, 이란 또는 고위험 인수제한국[1] 소재 수입자 제외	공사 인수부적격 신용장 은행, 30일 이상 결제지연 신용장 은행, 이란 또는 고위험 인수제한국[1] 소재 신용장 은행 제외

1) 고위험인수제한국가의 경우 국별인수방침 참조 [국별인수방침 바로가기]. 이는 청약 및 승낙 시점 이후 변경 또는 추가 지정될 수 있음

2. 신용보증

1) 선적 전

◎ 제도개요

중소 · 중견기업이 수출물품을 제조, 가공하거나 조달할 수 있도록 금융기관으로부터 필요한 자금을 대출받을 때 K-SURE가 연대보증하는 제도

- 금융기관이 수출신용보증서(선적전)를 담보로 대출을 실행한 후 수출자로부터 대출금이 상환되지 않는 경우 K-SURE가 보상

◎ 보증대상

금융기관이 수출자에 대해 아래 대출자금에 해당되는 신용보증부 대출 또는 지급보증을 실행하는 경우에 적용

- 한국은행의 「한국은행 금융중개지원대출관련 무역금융지원 프로그램 운용세칙」에 의한 무역금융 및 관련 지급보증
- 한국수출입은행에서 취급하는 수출자금으로서 K-SURE가 인정하는 자금대출
- 한국은행의 「금융기관여신운용세칙」에서 정한 무역어음 인수
- 수출용원자재 수입신용장 개설(내국수입유산스 신용장 개설 포함) 다만, 중계무역 방식에 의한 수출용원자재 수입신용장 개설은 제외
- 기타 수출 진흥을 위한 자금대출(aT의 농식품글로벌육성지원자금,

무역협회의 무역기금 등)

◎ 수출신용보증(제작자금)

구분	주요 내용		
신청서류	**준비서류** • 수출신용보증 청약서(수출신용보증 · 제작자금) • 상사현황표(유가증권 또는 코스닥상장기업용) • 상사현황표(비상장기업용) • 금융기관 거래상황 확인서(유가증권 또는 코스닥상장기업용) • 금융기관 거래상황 확인서(비상장기업용) • 수출실적확인서 • 고객정보 수집 · 이용 · 제공 · 조회 동의서(아래) • 풀링(Pooling) 대상 신청 목록		
	법인기업	• 고객정보 수집 · 이용 · 제공 · 조회 동의서(법인기업) * 법인인감 날인, 법인인감증명서(최근 3개월 이내 발급분) 및 사업자등록증 제출 • 고객정보 수집 · 이용 · 제공 · 조회 동의서(순수개인용) * 자필서명 혹은 개인인감 날인 　1. 개인인감 날인 시 개인인감증명서(최근 3개월 이내 발급분) 및 사업자등록증 제출 　2. 자필서명 시 대표자 신분증 앞면 사본 및 사업자등록증 제출	
	개인기업	• 고객정보 수집 · 이용 · 제공 · 조회 동의서(개인기업) * 자필서명 혹은 개인인감 날인 　1. 개인인감 날인 시 개인인감증명서(최근 3개월 이내 발급분) 및 사업자등록증 제출 　2. 자필서명 시 대표자 신분증 앞면 사본 및 사업자등록증 제출	

◎ 수출납품대금 현금결제보증

구분	주요 내용	
신청서류	**신청서류 및 서류 준비안내** • 수출신용보증 청약서 • 상사현황표 • 금융기관 거래상황 확인서 • 수출실적확인서 • 고객정보 수집 · 이용 · 제공 · 조회 동의서(아래)	
	법인기업	• 고객정보 수집 · 이용 · 제공 · 조회 동의서(법인기업) * 법인인감 날인, 법인인감증명서(최근 3개월 이내 발급분) 및 사업자등록증 제출 • 고객정보 수집 · 이용 · 제공 · 조회 동의서(순수개인용) * 자필서명 혹은 개인인감 날인 　1. 개인인감 날인 시 개인인감증명서(최근 3개월 이내 발급분) 및 사업자등록증 제출 　2. 자필서명 시 대표자 신분증 앞면 사본 및 사업자등록증 제출
	개인기업	• 고객정보 수집 · 이용 · 제공 · 조회 동의서(개인기업) * 자필서명 혹은 개인인감 날인 　1. 개인인감 날인 시 개인인감증명서(최근 3개월 이내 발급분) 및 사업자등록증 제출 　2. 자필서명 시 대표자 신분증 앞면 사본 및 사업자등록증 제출

2) 온라인 다이렉트 보증

◎ 제도개요

수출초보 중소기업이 ㈜신한은행의 "신한 온라인 다이렉트 수출보증 대출" 상품을 선택하여 자금을 대출받을 때 K-SURE가 연대보증하는 제도

- 보증서 신청부터 대출까지 K-SURE 및 은행 영업점 방문 없이 모바일(신한은행 모바일앱 SOL-Biz)로 진행되는 신속·간편 비대면 보증상품
- 추후 이용가능 은행 추가 시, K-SURE 홈페이지(www.ksure.or.kr)를 통해 별도 안내 예정

◎ 상품구조

◎ 주요계약사항

구분	내용
대상기업	• 신용상 문제가 없는 수출자 중 요건에 부합하는 중소기업 – 한국기업데이터(KED) 신용등급 B+이상 – 신한은행 신용등급 B– 이상 – 매출액 1억 원 초과 100억 원 미만 – 직수출실적 1만불 이상 100만불 미만 (다만, 직수출실적 1만불 미만시 KT–NET을 통해 집계되는 간접수출실적도 인정)
보증기간	총 4년 (2년 거치 후 2년 원금분할상환)
보증한도	5천만 원
보증비율	100%
보증요율	연 0.8% 내외
보증료납부	대출실행금에서 선취

3) 선적 후

◎ 제도개요

수출자가 수출계약에 따라 물품을 선적한 후 금융기관이 환어음[1] 등의 선적서류를 근거로 수출채권을 매입하는 경우 K-SURE가 연대보증하는 제도

◎ 상품구조

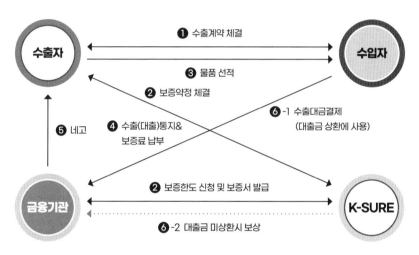

◎ 주요 계약사항

구분	내용
보증계약자	금융기관
대상기업	신용상 문제가 없는 수출자 ☞ K-SURE 내부규정에 따른 보증금지, 보증제한 및 기타 거절사유에 해당되는 경우 이용 제한
보증하는 채무	대출원금에 보증비율을 곱한 금액 및 약정이자[2]
담보위험	비상위험 및 신용위험으로 인한 수입자의 미결제 위험
대상거래	2년 이내 신용장·무신용장 방식의 일반수출, 위탁가공무역 수출거래 – 중계무역, 재판매거래 제외
보증비율	90% 이내
보증약정	K-SURE와 수출자간 권리·의무관계를 약정하는 것으로, 주채무자(수출자)와 연대보증인이 약정서에 자필 서명
보증서 유효기간	최종 매입일(보증 이용건)로부터 1년 (단, 보증 이용실적이 없는 경우는 보증서 발급일로부터 1년)
기 타	단기수출보험 연계 가입 필수

무역보험 용어

1) 환어음 : 채권자가 채무자에 대해 어음에 기재된 금액을 지급기간에 자기 또는 제3자에게 지급하도록 위탁하는 유가증권을 말하며, 일종의 지급명령서이다. 이 어음의 당사자는 발행인, 지급인, 수취인의 3자이며 제2자에게 지급을 위탁하는 점에서 발행인 스스로가 지급할 것을 약속하는 약속어음과 본질적으로 다르다. 그러므로 환어음의 발행인은 약속어음의 발행인처럼 본래 지급을 해야 할 채권자가 아니라, 지급인이 인수 또는 지급을 거절하였을 경우에 상환의무를 부담하는 자에 불과하다. 그러나 지급인도 발행인에 의하여 어음상 지급인으로 지정된 것만으로는 설사 발행인과의 자금관계상 지급의무가 있더라도 어음소지인에 대하여는 지급의무가 없으며 지급인 스스로 인수해야만 지급의무가 생긴다. 상업상의 기능으로는, 상품대금과 기타 채권을 신속히 회수하기 위해 seller가 buyer를 지급인으로 하는 환어음을 발행하여 어음할인 또는 추

심 징수에 의하여 이를 자금화할 수가 있다.

2) 약정이자 : 대출 상환기일에 적용되는 이자율에 의한 이자액(연체 이자율 및 신용가산이자율 제외)

4) 매입

◎ 제도개요

수출자가 수출계약에 따라 물품을 선적한 후 금융기관이 환어음[1] 등의 선적서류를 근거로 수출채권을 매입하는 경우 K-SURE가 연대보증하는 제도

- 수출신용보증(매입)은 수출자의 네고를 통한 자금조달을 지원하기 위한 제도로서 수출신용보증(선적후)에 비해 이용절차가 간편하며 담보력을 높인 보증제도입니다
- 수출자는 단기수출보험 연계가입을 선택할 수 있습니다
- 수출신용보증(매입)에서 수입자의 수출대금 미결제 여부와 무관하게 최종상환책임은 수출자에게 있습니다

◎ 상품구조

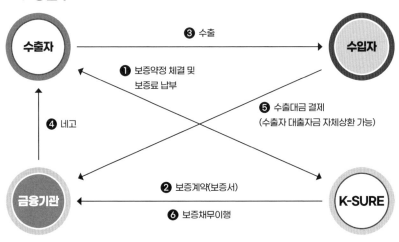

◎ 주요 계약사항

구분	수출신용보증(매입)
보증계약자	금융기관
대상기업	신용상 문제가 없는 수출자 ☞ K-SURE 내부규정에 따른 보증금지, 보증제한 및 기타 거절사유에 해당되는 경우 이용 제한
보증하는 채무	대출원금에 보증비율을 곱한 금액 및 약정이자[5]
보증비율	90%이내
보증약정	K-SURE와 수출자간 권리 · 의무관계를 약정하는 것으로, 주채무자(수출자)와 연대보증인이 약정서에 자필 서명
보증서 유효기간	보증서 발급일로부터 1년
담보위험	수출자의 대출금 미상환 위험
대상거래	1년 이내 무신용장 방식의 일반수출[2], 위탁가공무역[3], 중계무역[4] 수출거래 – 재판매거래 제외
단기수출보험 연계 가입	선택
수출자의 수출통지/ 매입통지 의무	없음 – 단기수출보험 가입 시, 수출 통지 필요
보증관계 성립범위	보증기간 중 매입한 대상거래 전체
보증료	연 1회 선납 – 연 0.5% ~ 2.5% 수준이며, 수출자의 신용등급이 높을수록 보증료 저렴

무역보험 용어

1) 한어음 : 채권자가 채무자에 대해 어음에 기재된 금액을 지급기간에 자기 또는 제3자에게 지급하도록 위탁하는 유가증권을 말하며, 일종의 지급명령서이다. 이 어음의 당사자는 발행인, 지급인, 수취인의 3자이며 제2자에게 지급을 위탁하는 점에서 발행인 스스로가 지급할 것을 약속

하는 약속어음과 본질적으로 다르다. 그러므로 환어음의 발행인은 약속어음의 발행인처럼 본래 지급을 해야 할 채권자가 아니라, 지급인이 인수 또는 지급을 거절하였을 경우에 상환의무를 부담하는 자에 불과하다. 그러나 지급인도 발행인에 의하여 어음상 지급인으로 지정된 것만으로는 설사 발행인과의 자금관계상 지급의무가 있더라도 어음소지인에 대하여는 지급의무가 없으며 지급인 스스로 인수해야만 지급의무가 생긴다. 상업상의 기능으로는, 상품대금과 기타 채권을 신속히 회수하기 위해 seller가 buyer를 지급인으로 하는 환어음을 발행하여 어음할인 또는 추심 징수에 의하여 이를 자금화할 수가 있다.

2) 일반수출 : 국내에서 생산 · 가공 또는 집하된 물품을 수출하는거래(우리나라 선박에 의하여 외국에서 채취 또는 포획한 수산물을 수출하는거래 포함)

3) 위탁가공무역 : 국내기업의 해외현지법인이 생산 · 가공한 물품 또는 국내기업이 위탁하여 외국에서 가공한 물품을 수출하는 거래

4) 중계무역 : 수출을 목적으로 물품을 수입하여 국내에서 통관하지 않고 제3국으로 수출하는 거래

5) 약정이자 : 대출 상환기일에 적용되는 이자율에 의한 이자액(연체 이자율 및 신용가산이자율 제외)